Speed! 수능 국어의 답

문학영역편 1부

생 각 의 차 이

빠른 정답 찾기의 시작이다!

수능 문학은 〈보기〉 없는 문항과
〈보기〉 있는 문항밖에 없다

Speed!

수능 국어의 답

박종석 · 박서경 지음
안세봉 · 임소라 검토

문학영역편 1부

한국학술정보

전국의 수험생들에게

　1993년, 처음으로 수능이 실시된 이후, 지문과 문항 구성을 바탕으로 거듭 변화가 있었습니다. 그때마다 수험생들은 혼돈 속으로 빠졌을 것입니다. 때로는 수능 문항이 일정 기간 동안 패턴을 유지했기 때문에 수험생들의 어려움이 점차 사라질 것 같았지만, 또 한번 문과, 이과 수험생들에게 A형과 B형이라는 수능 패턴이 생겼습니다. 그러나 시행과 동시에 2017학년도에 갑자기 사라졌습니다. 이후, 이제 안정화가 지속될 것 같았으나, 역시 변화로 인해 수험생들이 혼돈에 빠진 상태라고 생각됩니다.

　가장 눈에 띈 변화는 지문의 장문화와 융합 지문 그리고 지문에 따른 문항 수의 증가입니다. 뿐만 아니라 대부분의 수험생들이 겪는 문항 풀이 시간의 촉박함까지 겹친다는 점입니다. 여기에다 영어의 절대 평가화 정책에 따라 대학의 수험생 선발이라는 변별력이 수능 국어로 무게가 실리면서 변별력 확보 차원에서 더욱 어렵게 출제되는 상황입니다.

　더욱 혼란스러운 수능 국어의 현실! 2019학년도 수능 현실---148명…84점

오랫동안 학교 현장에서 학생들을 가르치면서, 특히 수능 국어를 어려워하는 수험생의 입장을 생각할 때, 도움이 되는 해결책을 제시해야겠다는 신념이 생겼습니다. 그래서 학교 현장에서 문항 풀이 방법을 개발함과 동시에 정답을 찾는 시간의 부족함까지 동시에 해결할 수 있는 방법을 가르쳤습니다. 또한 국가 수준의 문항 구성, 출제 및 문항 설계, 문항 분석과 같은 교육 활동에 직접 참여하였으며, 또한 공교육 기관에서의 시험 출제를 다년간 경험한 필자는 수능 국어를 새로운 시각으로 접근해서 논리정연하게 정답을 찾는 쉬운 방안을 몇 년간 고민했다고 생각합니다.

그래서 나름의 방법을 찾았습니다. 이 책에서는 단지 문항을 통해 답을 찾는 새로운 시각의 일정 부분만[Ⅰ부]을 공개할 것입니다. 물론 차후 수정 혹은 개정판이 이루어진다면, 나머지[Ⅱ부] 수능 국어 풀이 방안을 공개 및 출판할 계획입니다. 이는 오로지 수험생의 호응에 따라 책을 계속 출판할 예정입니다.

이 책은 시중에 나와 있는 수능 국어의 풀이 방안과 달리, 나름의 용어를 설정해서 문항을 접근하기 때문에 다소 생소할 수 있으나, 이 책에서 설명하는 개념에 연연하기보다는 실제 풀이 방안과 실전 문항을 중심으로 이해하면 도움이 될 것입니다.

이 책은 다음과 같은 8가지에 중점을 두었습니다.

1. 시중에 출판된 기출문제집들은 대부분 문제를 앞쪽에, 문제풀이를 책의 뒤쪽으로 편집하여 정답지 해석에 무게를 둔 반면에, 이 책은 지문 분석이나 정답풀이에 무게중심을 두기보다는 문항의 정답을 찾는 정리된 방법을 제시하여 쉽게 문제에 접근하도록 하였습니다.

2. 수능 문학 영역을 각 문항마다 정답을 다르게 찾아야 하는 수험생들의 부담을 덜기 위해 문항을 유형별로 구별하고, 구별한 문항의 정답을 찾는 방법으로 일관된 풀이법을 개발, 적용할 수 있도록 했습니다.

3. 수능 문학 영역의 모든 문항을 한눈에 볼 수 있도록 정리하여, 문항 전체에 대한 수험생들의 심리적 부담을 덜도록 하였습니다. 가령, 수능 문학은 <보기> 없는 문항과 <보기> 있는 문항으로 구별한 것처럼.

4. 장문화로 인해 수험생의 부담이 가중되는 상황에서, 이를 쉽게 해결할 수 있는 방법을 구체적으로 제시한 점 또한 이 책의 장점일 수 있습니다.

5. <목차>에 따라, 학생이 취약한 문항을 해결할 수 있도록 구별했기 때문에 시간을 줄여 필요한 부분만 이해, 문항에 적용할 수 있도록 상세하게 설명했습니다.

6. <본문>에서 유형별 문제 해결 방법을 익힌 학생은 다양하게 출제되는 문항에 대한 자신감을 가질 수 있도록 적용 기출 문항을 제시했다는 점, 역시 이 책이 가진 특징이기도 합니다.

7. 또한, 기출문항을 다른 관점에서 쉽게 이해할 수 있도록 필자만의 '팁(tip)'과 '발칙한 생각'란을 두어 수험생이 정답을 찾는 즐거움을 줄 것이라는 생각이 듭니다.

8. 수능 문학 영역 문항을 해결하는 방향을 구체적으로 제시했습니다.
   수능 문학 영역의 문항 해결에 필요한 개념 정리 – 예시 문항 – 실전 문항 + 답지 해설 순으로 구성했습니다.

수험생 자신만의 수능 문학 영역의 정답 찾기가 분명 있을 것입니다. 그러나 수험생 자신이 부족하다고 생각하는 문학 문항 유형이 있을 겁니다. 그래서 수험생이 스스로 부족한 문항 유형에 해당하는 법칙만을 이 책에서 찾아 이해하고 정답 찾기에 활용하면 수능 문학 영역에 대한 두려움이 다소 사라질 것입니다.

　수능 문학 영역에서 개별 문항에 대한 각각의 풀이 방법을 이 책에서 언급한 몇 가지 법칙들을 익혀 수험생들이 적용할 경우에, 한 문항에 하나의 적용 법칙으로만 해결되지는 않을 것입니다. 그러나 문항을 보는 순간 수험생들은 자연스럽게 이 책에서 익힌 법칙들을 활용하여 문항에 대한 정답을 쉽게 해결할 수 있을 것입니다.

　한 가지 덧붙이자면, 2019학년도 수능 과학 영역(물리)에서, 특정 문항이 과학 영역이냐 혹은 독서 영역이냐를 두고 엄청난 난타전이 있었습니다. 그래서 앞으로의 수능 국어는 문학 혹은 사회 계열의 독서 영역의 출제 비중과 난이도를 높이지 않을까 하는 생각이 듭니다. 2020학년도 9월 모평에서 법 관련 지문과 현대시 영역의 문항이 다소 어려웠다는 점이 그 반증입니다. 특히 문학 관련 지문과 문항이 상당이 어려워질 것으로 보입니다.

　평가의 정점에 있는 수능 문항만을 대상으로 하여, 필자가 생각한 수능 문학 영역의 풀이법을 공개합니다. 이와 같은 방법론을 학습한 학생들은 분명 문항 풀이에 대한 자신감을 가질 것이며, 또한 시험 시간을 절약할 수 있을 것입니다. 또한 이 방법의 활용으로 국어에 대한 친근감과 자신감을 회복하면서 수험생 자신이 부족하다고 생각하는 다른 교과에 시간 투자와 노력을 더 해주었음 하는 바람입니다.

『SPEED 수능 국어의 답 - 독서 영역 1부』는 이미 출판되었습니다. 정답을 찾는 스킬이 있다는 점에서 장점이 있다고 하나, 다소 난해하다는 수험생들과 선생님들의 냉혹한(?) 평가를 감안하여 새롭게 편집, 수정해 개정판을 출간하였습니다. 필자는 더욱 분발해 이번에는 『SPEED 수능 국어의 답 - 문학 영역 1부』를 출판합니다. 두 권의 책을 비교하면서 수능 국어의 답을 찾는데 작은 도움이 되었으면 합니다.

이 책을 출판하는데 조언을 해 주신 안세봉, 임소라 선생님께 고마움을 전합니다.

박 종 석
2020년 1월.

차 례

제1장

정답 찾기의 비밀 코드

발문 의도 법칙 [발문에서 출제자의 의도를 파악하라.]

출제 지문과 관련해서 수험생이 반드시 알아야 할 내용을 출제자가 발문[질문] 형식을 통해 드러낸다. 발문에는 출제자가 작품을 통해 묻고자 하는 평가요소와 긍정의 질문인지 부정의 질문인지 확인해야 하는 판단요소가 있다.

출제자는 지문 속에서 묻고자 하는 바를 발문으로 제시하고, 이 발문의 평가요소를 반영하여 선택지로 구성한다. 때문에 수험생은 반대로 지문과 선택지를 바탕으로 출제자의 의도가 반영된 발문에서 평가요소를 찾아야 한다.

수능 국어의 답을 찾을 때, 지문, 발문, 선택지 중 가장 먼저 읽어야 하는 것은 선택지이고, 파악해야 할 것은 출제자의 의도이다.

답을 찾을 때 **출제자의 의도 파악**을 가장 강조한다. 출제자의 의도는 발문에 있기 때문에 발문을 먼저 읽는다. 발문에서 출제자의 의도[=평가요소]를 파악한 후, 작품을 읽으면서 문항과 관련된 지문 그리고 기호 혹은 밑줄에 주목하면서 정답을 찾아야 한다. 다만, 출제 의도가 발문에 명확하게 드러난 경우는 발문을 먼저 읽고, 드러나지 않을 경우는 선택지에서 출제 의도를 파악해야 한다.

ㄱ. 평가요소가 분명한 경우

43. 윗글의 서술상 특징으로 적절하지 않은 것은?[2018학년도 9월]

   지문요소   평가요소   판단요소

① 특정 **인물**의 회상을 중심으로 이야기를 전개하고 있다.
② **계절**의 변화를 통해 **사건** 해결의 실마리가 드러나고 있다.
③ 공간적 **배경**에 대한 상세한 **묘사**를 통해 사건 전개를 지연시키고 있다.
④ 서술자가 **관찰자**의 입장에서 **사건**을 전달함으로써 객관성을 높이고 있다.
⑤ **서술**의 초점을 다양한 인물로 옮겨 가며 **갈등**을 다각적으로 조명하고 있다.

발문을 통해 확인할 수 있는 것은 평가요소와 판단요소이다. 이 문항의 경우, 출제자가 묻고자 하는 평가요소는 지문의 '서술상 특징', 판단요소는 '적절하지 않은 것'이다. 질문을 파악했다면 이제 해야 하는 것은, 서술상 특징을 구체적으로 표현한 부분을 지문에서 찾는 것이다. 여기에서는 '인물, 사건, 시간적/공간적 배경, 묘사, 서술자/관찰자, 갈등' 등이 된다. 평가요소를 지문에서 확인하여 선택지와 일치 여부를 확인하고, 정답을 찾으면 된다.

* tip 평가요소를 파악하면서 문제를 푸는 것이 왜 중요할까?
지문을 통해 파악해야 하는 평가요소가 무엇인지 미리 알고 지문을 읽기 때문에 당연히 시간 절약[speed!]에 도움이 된다. 수능 국어는 시간 싸움이다! 절약할수록 좋다.

[예시]

16. 윗글의 표현상의 특징에 대한 설명으로 가장 적절한 것은?[2017학년도 9월]
① (가)에서는 대상과의 문답을 통해 시상을 심화하고 있다.
② (나)에서는 과거와 현재를 대비하여 화자의 삶의 태도를 암시하고 있다.

③ (다)에서는 선경후정의 전개 방식을 통해 화자의 내면을 드러내고 있다.

④ (라)에서는 대상에 감정을 이입하여 심리적 변화를 우회적으로 표출하고 있다.

⑤ (마)에서는 대상을 의인화하여 대상이 지닌 속성들을 점층적으로 나열하고 있다.

[적용]

16. 윗글의 <u>표현상의 특징</u>에 대한 설명으로 가장 <u>적절한 것은?</u>[2017학년도 9월]

    지문요소 평가요소   판단요소

① (가)에서는 **대상과의 문답**을 통해 시상을 심화하고 있다.

② (나)에서는 **과거와 현재를 대비**하여 화자의 삶의 태도를 암시하고 있다.

③ (다)에서는 **선경후정의 전개 방식**을 통해 화자의 내면을 드러내고 있다.

④ (라)에서는 **대상에 감정을 이입**하여 심리적 변화를 우회적으로 표출하고 있다.

⑤ (마)에서는 **대상을 의인화**하여 대상이 지닌 속성들을 점층적으로 나열하고 있다.

[예시]에서 평가요소만으로 정답을 판단하는 것이 아니라, 지문 근거의 법칙에 따라 반드시 지문요소+평가요소의 일치 여부로 판단해야 한다. [예시]에서 즉, '① (가)에서는 - 있다.'라고 한 경우, 평가요소 '대상과의 문답'을 반드시 (가)[=지문요소]를 근거로 정답을 찾아야 한다.

ㄴ. 평가요소가 불분명한 경우

20. <u>(가)와 (나)</u>의 <u>공통점</u>으로 가장 <u>적절한 것은?</u>[2018학년도 11월]

    지문요소   평가요소   판단요소

지문 (가)와 (나)에서 공통점을 찾는 문항인데, 정확하게 어떤 부

분인지를 파악하기 어렵다. 즉 발문에서 정확한 평가요소가 드러나
지 않는다. 이럴 경우, 선택지를 통해 어떤 공통점을 찾아야 하는지
를 파악할 수 있다.

[예시]

20. <u>(가)</u>에 대한 <u>설명</u>으로 가장 <u>적절한 것은?</u>[2018학년도 9월]
    지문요소   평가요소   판단요소

36. <u>[A]</u>를 중심으로 <u>(다)</u>를 이해할 때 <u>적절하지 않은 것은?</u>[2018학년도 6월]
    지문요소   평가요소   판단요소

위의 두 발문에서도 지문의 어떤 관점에서의 설명과 이해를 묻는
지 파악하기 어렵다. 그래서 선택지를 통해 평가요소를 파악할 수밖
에 없다. 선택지는 발문의 **평가요소와 판단요소**를 구체적으로 나타
낸다. 출제자가 묻고자 하는 바[출제 의도]를 자세히 풀어 쓴 것이라
고 할 수 있다. 정답을 찾기 위해서는 가정 먼저 선택지에서 평가요
소를 파악해, 평가요소에 해당하는 지문을 찾아 판단요소로 정답을
확정한다.

[예시]

33. (가)와 (나)에 대한 설명으로 가장 적절한 것은?[2018학년도 11월]
① (가)에는 해소하기 어려운 문제적 상황에 당면하여 **고뇌하는 태도**가 드러나 있다.
② (가)에는 시대적 고난에 맞서지 못하는 자신의 나약함을 **극복하고자 하는 태도**가 드러
   나 있다.

③ (나)에는 인간의 유한한 삶에 대해 **한탄하는 태도**가 드러나 있다.

④ (나)에는 희망을 찾을 수 없는 절망적 현실에 대한 **냉소적인 태도**가 드러나 있다.

⑤ (가)와 (나)에는 이상과 현실의 괴리에서 비롯된 삶에 대한 **회의적 태도**가 드러나 있다.

선택지를 보면, 시적 상황에 대한 시적 화자의 태도를 평가하는 문항임을 알 수 있다.

수능 문학 영역의 경우, <보기> 없는 문항과 <보기> 있는 문항에서 평가요소인 출제의도가 분명하게 드러난 경우와 불분명하게 드러나지 않은 경우가 있다.

ㄱ. <보기> 없는 문항

1. 평가요소가 분명한 경우

16. 윗글의 <u>표현상의 특징</u>에 대한 설명으로 가장 <u>적절한 것은?</u>[2017학년도 9월]

　　　　　출제의도 = 평가요소　　　　　　판단요소

① (가)에서는 **대상과의 문답**을 통해 시상을 심화하고 있다.

② (나)에서는 **과거와 현재를 대비**하여 화자의 삶의 태도를 암시하고 있다.

③ (다)에서는 **선경후정의 전개 방식**을 통해 화자의 내면을 드러내고 있다.

④ (라)에서는 대상에 **감정을 이입**하여 심리적 변화를 우회적으로 표출하고 있다.

⑤ (마)에서는 대상을 **의인화**하여 대상이 지닌 속성들을 점층적으로 나열하고 있다.

'윗글의 표현상 특징'을 묻는 문항으로 출제의도=평가요소가 명확하게 드러나 있다.

2. 평가요소가 불분명한 경우

33. (가)와 (나)에 대한 <u>설명으로 가장 적절한 것은</u>?[2018학년도 11월]
　　　　　출제의도=평가요소　　판단요소

① (가)에는 해소하기 어려운 문제적 상황에 당면하여 **고뇌하는 태도**가 드러나 있다.
② (가)에는 시대적 고난에 맞서지 못하는 자신의 나약함을 **극복하고자 하는 태도**가 드러나 있다.
③ (나)에는 인간의 유한한 삶에 대해 **한탄하는 태도**가 드러나 있다.
④ (나)에는 희망을 찾을 수 없는 절망적 현실에 대한 **냉소적인 태도**가 드러나 있다.
⑤ (가)와 (나)에는 이상과 현실의 괴리에서 비롯된 삶에 대한 **회의적 태도**가 드러나 있다.

(가)와 (나)에 대한 설명만으로는 출제의도=평가요소가 불명확하다. 그런데 선택지를 보면, 이 작품에 드러난 '(화자의) 태도'를 파악하는 것이 평가요소임을 알 수 있다.

ㄴ. <보기> 있는 문항

<보기> 있는 문항은 발문(을 읽으면서 출제자의 의도를 파악하고) → <보기>(를 읽으면서 작품과 관련한 정보를 파악하고) → 지문(<보기>에서 파악한 작품 정보를 바탕으로 작품 즉 지문을 읽으면서) → 선택지 읽은 후, 정답 찾기를 한다.

즉 발문의 순서에 따르라!

∴　① [발문을 읽으면서]　　　　　　④[지문을 읽고]
　　<u><보기>를 참고하여 / 윗글을 감상한 내용으로 / 적절하지 않은 것?</u>
　　　→　　②　　　　→ ③[선택지 읽고]　　→　　⑤[정답판단]

<보기>의 작품 정보를 바탕으로 작품을 읽고, 평가요소인 감상한 내용을 선택지에 적용해서 읽고, 적절성 여부를 확인하면 정답 찾기는 끝난다.

[예시]

26. <보기>를 참고하여 윗글을 감상한 내용으로 적절하지 <u>않은</u> 것은?[2018학년도 11월]

〈 보 기 〉

18세기의 선비인 이양오는 「사씨남정기」를 읽고 「사씨남정기 후서」를 썼다. 그는 이 소설이 착한 사람은 복을 받고 악한 사람은 벌을 받는다는 '복선화음'의 이치를 담고 있다고 평가한다. 다만 과오가 있는 사람이라도 잘못을 깨닫고 착한 데로 나아가는 과정에서 재앙이 상서로움으로 바뀌는 경우에도 주목한다. 한편 꿈속에서 벌어지는 일이나 기이한 만남이 나타나는 등 허구적인 이야기라도 사람의 일에 연관된다면 이를 두고 괴이하거나 맹랑한 것이라고 치부할 수만은 없다고 평한다. 그러면서 "말이 교화에 관련되면 괴이해도 해롭지 않고 일이 사람을 감동시키면 괴이하고 헛되어도 기뻐할 만하네."라는 김시습의 시 구절을 인용하였다.

① 유 한림이 유배지에서 얻은 질병이 '단 이슬'과 같은 물로써 치료된다는 설정에서, 유 한림의 재앙이 상서로움으로 전환되는 양상을 엿볼 수 있겠군.

② 유 한림이 유배지에서 고초를 겪는 가운데 '예전의 총명함'을 회복하는 장면에서, 과오가 있는 사람이라도 잘못을 깨닫고 착한 데로 나아가는 과정을 엿볼 수 있겠군.

③ 사 씨의 꿈에서 예견된 인도자와의 인연이 '여승'의 꿈에서 계시된 바와 조응하여 '여승' 일행이 사 씨를 찾은 장면에서, 기이한 만남이 이루어지는 양상을 엿볼 수 있겠군.

④ 학사정이 생기게 된 유래가 신이하지만 사람들에게 받아들여져 '지금까지 전해진다'고 한 점에서, 허구적인 이야기일지라도 사람의 일에 연관되므로 괴이한 것만으로는 볼 수 없겠군.

⑤ 유 한림에게 갖은 고초를 줄 만큼 '인심이 사나웠'던 행주 사람들이 샘에 얽힌 이야기를 듣고 복선화음의 이치를 깨달은 데서, 그 이야기를 맹랑한 것으로 치부해서는 곤란하다는 점을 알 수 있겠군.

위의 문항을 해결하려면, 발문을 읽으면서 출제자의 의도를 파악[= 즉 감상]하고(①), '복선화음'이라는 이치가 담긴 작품 정보인 <보기>를 읽고(②), 작품(출제 지문)에 적용해서 감상하고(③), 선택지를 지문요소 + <보기>요소를 연결해서(④), 감상의 적절성 여부로 정답을 판단한다.(⑤)

> **＊ tip** 지문이 익숙할지라도 감상 / 이해의 방향을 잡기 쉽지 않다. 그래서 <보기>를 읽으면 작품 감상 / 이해의 방향을 잡을 수 있다.[<보기> 분석법 참고]

code 2
지문 근거 법칙 [지문에서 정답의 근거를 찾아라.]

정답의 근거는 **지문** 속에 있다. 당연한 이야기지만 정답을 선택할 때, 지문을 놓치지 않도록 주의해야 한다. 시(가) 영역을 제외한 대부분의 작품은 전문이 아닌 일부만 실려 있다. 그래서 익숙한 작품이더라도 문제를 풀 때에는 출제 지문에 대해 '내가 알고 있는 것'이 아닌 **'내가 지문에서 읽은 것'**에만 의존해 정답을 찾아야 한다.

사실 토끼의 간을 두고 지혜와 어리석음을 비유한 작자 미상인 「토끼전」의 배경 지식은 초등학교 때부터 알고 있기 때문에 수능 지문으로 출제되면 당연히 쉽게 정답을 찾을 것이라는 심리적 위안이 있을 수 있다. 그러나 발문에서 요구하는 정답과는 거리가 멀다. 특히 수능 문학은 알고 있는 작품의 배경 지식을 활용해 정답을 찾는 문항은 출제되지 않는다. 따라서 수능 문학은 출제 지문에 국한하여 이해하고 감상한 내용으로 발문에서 요구하는 정답을 찾아야만 한다.

[예시 문항]

* 다음 글을 읽고 물음에 답하시오.[2016학년도 11월 A형]

자라가 기막혀 우는 말이,

"못 보겠네, 못 보겠네, 병든 용왕 못 보겠네. 나의 충성 부족던가, 나의 정성 부족던가? 객사 신세 자라 팔자, 이 아니 불쌍한가? 명천이 감동하와 백호를 죽여 주오, 애고애고 설운지고."

이렇듯이 슬피 우니 **호랑이 듣고,**

"이놈, 무슨 내게 해로운 소리만 하느냐?"

자라 생각하되,

'왕명을 받들어 만 리 밖에 나와 이 지경을 당하니 **한 번 죽지 두 번 죽음은 없는지라. 먹지 않는 것 없이 몽땅 먹는다 하니 내 한번 고기 값이나 하리라.'**

하고 모진 마음을 굳게 먹고,

"어따, 네가 내 근본을 알려느냐?"

하며 호랑이 앞턱을 냅다 물고 매어 달리니, 호랑이가,

"애고, 놓아. 아니 먹으마."

자라 놓고 나앉으며 움츠렸던 목을 길게 빼어 염려 없이 기세를 보이니, 호랑이 보더니,

"이크, 장사 갑주 속의 방망이 총 나온다."

하며 저만치 물러앉으니, 자라 호랑이 질려 하는 낌새를 알고,

"그대가 내 근본을 자세히 아는가? 나는 수국충신 간의대부 겸 시랑 별주부, 별나리라 하네."

호랑이 무식하여 자라 별자 못 알아듣고 무수히 새겨,

"별나리, 별나리, 그저 나리도 무섭다 하되 별나리 더 무섭다. 생긴 모양보다는 직품은 높고 찬란한데, 그러면 목은 어찌 그리 되었으며, 이곳에는 어찌 나왔는가?"

자라 대답하되,

"이곳 나오고 목이 이리 된 근본을 알려나?"

"어디 좀 알아보세."

"우리 수궁이 퇴락하여 새로 다시 지은 후에 천여 개 기와를 내 손으로 이어갈 제, 추녀 끝에 돌아가다 한 발길 미끄러져 공중에서 뚝 떨어져 빙빙 돌아 나려오다 목으로 쩔꺽 내려 박혀 목이 이리 되었기로 명의더러 물어보니 호랑이 쓸개가 약이 된다 하기에 벽력 장군 앞세우고 도로랑 귀신 잡아타고 호랑이 사냥 나왔으니 게가 호랑이면 쓸

개 한 보 못 주겠냐. 도로랑 귀신 게 있느냐? 어서 급히 빨리 나와 용천검 드는 칼로 이 호랑이 배 갈라라, 도로랑!"

하고 달려드니 호랑이 깜짝 놀라 물똥을 와락 싸고, 초나라 노랫소리에 놀란 패왕 포위 뚫고 남쪽으로 달아나듯, 적벽강 불 싸움에 패군장 위왕 조조 정욱 따라 도망하듯, 북풍에 구름 닫듯, 편전살 달아나듯, 왜물 조총 철환 닫듯, 녹수를 얼른 건너 동쪽 숲을 헤치면서 쑤루쑤루 달아나 만첩청산 바위틈에 혼자앉아 장담하고 하는 말이,

"내 재주 아니런들 도로랑 귀신 피할손가? 하마터면 죽을뻔하였구나."

(중략)

한창 이리 춤을 출 제, 대장 범치 토끼 옆에 섰다가,

"이크, 토끼 뱃속에 간이 촐랑촐랑하는구나."

토끼 깜짝 놀라,

'어떤 게 간이라고? 뱃속에 물똥이 들어 촐랑거리는 걸 간이라 하것다. 아뿔싸, 낌새를 보아 떠나라고 하였거니 즉시 가는 것만 못할지고.' 이리할 제 별주부 잔치에 참여하였다가 눈을 부릅떠 토끼를 보며 가만히 꾸짖어 왈,

"내 듣기에도 촐랑촐랑하는 것이 분명한 간인 듯하거든 네 저러한 꾀로 우리 대왕을 속이려 하느냐?"

토끼 마음에 분하여 잔치가 끝난 후 왕께 아뢰어,

"소토 세상에서 약간 의서를 보았거니와 음허화동(陰虛火動)으로 난 병에 원기 회복하기는 왕배탕이 제일 좋다 하오니 왕배는 곧 자라라, 오래 묵은 자라를 구하여 쓰면 기운이 자연 회복할 것이요, 그 다음에 소토의 간을 쓰면 병세 며칠 안으로 나으리다."

왕이 이때 토끼 말이라 하면 사슴을 말이라 해도 믿는지라.

즉시 명령을 내리되,

"세상에 나갔던 별주부 오래 묵었으니 법을 좇아 잡아들이라."

하니 현의도독 거북이 아뢰기를,

"옛 말씀에 '토끼를 다 잡으면 사냥개를 삶아 먹고 높이 뜬 새 없어지면 좋은 활이 숨는다.' 하였사오니 선생 말씀이 옳사오나 주부는 만리타국의 정성을 다하여 공을 이루고 왔삽거늘 제후로 봉하기는 고사하고 죽이는 것은 이웃나라가 알게 해서는 안 되는 일이나이다. 특별히 권도(權道)를 좇아 암자라로 대용하심을 바라나이다."

왕 왈,

"윤허하노라."

하시니라.

이때 별주부 천지 망극하여 집에 돌아와서 부부 서로 손을 잡고 통곡하다가 문득 생각하여 왈,

"내 일시 경솔한 말로 음해를 만나 무죄한 부인을 이 지경을 당하게 하였거니와 천

리를 함께 온 정이 적지 아니하고 제 마음이 악독하여 고집스럽지 않으니 우리 정성을 다하여 빌면 다시 측은히 생각하여 구해 주리라."

하고, 즉시 별당을 깨끗이 치우고 잔치를 배설하여 토끼를 정으로 청하여 상좌에 앉히고 별주부 내외 당하에 꿇어 백배 애걸하는 말이,

"오늘날 우리 두 사람 목숨이 선생께 달렸으니 넓으신 도량으로 짐작하여 잔명을 구하여 주옵소서."

토끼 수염을 만지작거리며 웃어 왈,

"네 당초에 날 죽을 곳으로 유인함도 마음에 고이하거늘 하물며 없는 간을 있다 하여 기어이 죽이려 함은 무슨 일이며, 위태한 때에 이르러 애걸하는 것은 나를 조롱함이냐?"

- 작자 미상, 「토끼전」-

37. 윗글에 대한 이해로 가장 적절한 것은?

① 별주부가 호랑이 앞에서 고기 값이나 하겠다는 것은 죽음을 각오하고 상대에 맞서겠다는 의지를 드러낸 것이다.

② 호랑이가 별주부의 외양에서 떠올린 갑주와 방망이 총은 상대와 맞설 의지를 갖게 하는 것이다.

③ 호랑이가 바위틈에서 자기 재주를 장담하는 것은 패배를 설욕하려는 의지를 다지는 것이다.

④ 토끼가 낌새를 보아 떠나라는 말을 떠올리고 즉시 가야겠다고 생각하는 것은 용왕의 믿음을 저버릴 수 없다는 의지 때문이다.

⑤ 별주부가 부인이 대신 죽게 된 것을 자신의 경솔한 말과 음해 때문이라고 하는 것은 아내가 아니라 자신이 죽겠다는 의지를 가지고 있기 때문이다.

정답을 찾기 위해서는 우선 발문에서 지문요소와 평가요소를 파악해야만 한다.

37. 윗글에 대한 **이해**로 가장 적절한 것은?
　　지문요소　　　평가요소=출제의도

윗글에 대한 이해는, 결국은 지문에 대한 이해 즉, 출제자가 작품을 이해한 내용[=평가요소]을 알아야 한다. 출제 문항은 출제 지문에서 출제자의 의도를 반영한다. 즉 출제자의 의도는 지문을 근거로 한다는 의미이다. 따라서 평가요소에는 지문이 '전제'라는 의미를 담고 있다.

> *** tip** '윗글에 대한 이해'라는 발문에는 두 가지 비밀이 숨어 있다.
> 1. 문항과 관련한 특정 지문만을 '이해'하는 것이 아니라 당연히 출제 지문의 맥락에서 특정 지문을 이해해야 한다.
> 2. '이해'는 출제자가 평가하고자 하는 평가요소인데, 이는 반드시 지문에서 답의 근거를 찾아야 한다는 점을 명심해야 한다.

위와 같은 문항에서 정답 찾기 **3step**을 해 보자.

step1 인용 지문 부분과 평가요소를 중심으로 나누고

<u>선택지 중 지문인용 부분</u> / <u>선택지 중 평가요소</u>　　　　　---- 나누고

step2 인용 지문 부분을 삭제하고

~~선택지 중 지문인용 부분~~ / <u>선택지 중 평가요소</u>　　　　---- 삭제하고

step3 인용 지문 부분과 평가요소를 연결해서 판단하자!

<u>지문요소(전제)</u> = <u>산택지 중 평가요소(결론)</u>
　　└──[정답 확인]──┘　　　　---- 연결성(일치여부 확인) / 묶자!

3step을 적용해 보면,

ㄱ. 정답인 경우

① 별주부가 호랑어 앞에서 고가 값이나 하겠다는 것은 / 죽음을 각오하고 상대에
　　　　　　지문요소[=지문근거]　　　　　　　　　　　출제의도[=평가요소]

맞서겠다는 의지를 드러낸 것이다.

->　　　지문근거 = 출제의도[=평가요소]
　　　　└─[정답 확인]─┘　　　　　　　　　　---- 연결성(이해)

지문요소 : '왕명을 받들어 만 리 밖에 나와 이 지경을 당하니 한 번 죽지 두 번 죽음은
　　　　　　없는지라. 먹지 않는 것 없이 몽땅 먹는다 하니 내 한번 고기 값이나 하리라.'
　　　　　　하고 모진 마음을 굳게 먹고,

∴ 연결성(이해) : 지문에 대한 출제자의 판단(감상평)을 정리한 선택지이다. 즉 자라가
　　　　　　　　'모진 마음을 굳게 먹'는 행동(전제)을 통해서 죽음을 각오하고 상대
　　　　　　　　에 맞서겠다는 의지를 확인(결론)할 수 있다.

ㄴ. 오답인 경우

② 호랑어가 별주부의 외양에서 떠올린 갑주와 방망이 총은 / 상대와 맞설 의지를
　　　　　　지문요소[=지문요소]　　　　　　　　　　　출제의도[=평가요소]
갖게 하는 것이다.

->　　　지문근거 ≠ 출제의도[= 평가요소]
　　　　└─[정답 확인]─┘　　　　　　　　　　---- 연결성(이해)

지문요소 : "이크, 장사 갑주 속의 방망이 총 나온다."하며 저만치 물러 앉으니,

∴ **연결성(이해)** : 지문에 대한 출제자의 판단(감상평)을 정리한 선택지이다. 즉 '저만치 물러 앉'은 행동(전제)을 통해서 호랑이가 상대에게 맞서는 것보다는 피하고 있음을 확인(결론)할 수 있다.

* tip 3step을 적용하는 이유?

step1. 선택지에서 지문요소 / 평가요소 / 판단요소를 구별해야 한다. 이유는 출제자 의도인 평가요소를 정확하게 판단할 수 있기 때문이다.

step2. 선택지에서 지문요소를 반영한 평가요소와의 연결성을 확인해야 하기 때문이다. 즉 평가요소가 요구하는 정답의 근거인 지문요소가 선택지에 연결되어 서술되었기 때문에 이를 확인해야 한다.

step3. step2에서 지문요소를 반영한 평가요소와의 연결성을 확인한 다음, 최종적으로 적절성 혹은 타당성 여부로 정답을 확정하는 단계이다.

3step에서 지문요소와 평가요소의 연결성에서 '타당성'에 대한 구체적인 의미는?

<u>지문근거[=지문근거]</u> ≠ <u>출제의도[=평가요소]</u>
        └─[정답 확인]─┘   ----- 연결성(타당성)

ㄱ. 지문인용 없는 경우

<u>지문근거[지문 내용과 일치 여부]</u> / 평가요소
     전제(진술)   결론(진술)
       └─[정답 확인]─┘   ----- 연결성(타당성)

선택지의 앞 문장은 전제로 진술된 문장이고, 뒤에 진술된 문장은 결론으로 인식하고 논리적인 타당성으로 판단하면 된다. 지문인용이 없는 선택지는 우선 선택지의 앞 문장이 지문 내용과 일치하는지 확인 후, 전제 진술에 대한 결론으로 진술된 평가요소가 타당하게 연결되었는지를 판단하면 된다.

ㄴ. 지문인용(직, 간접) 있는 경우

지문근거[지문 내용 인용 직, 간접 확인] / 평가요소
　　　전제(진술)　　　　　　　　　결론(진술)
　　　└─────[정답 확인]─────┘　　　----- 연결성(타당성)

　　선택지의 앞에 진술된 문장은 지문인용이 대부분 사실이기 때문에 정답 판단의 기준이 아니다. 그래서 삭제하고(가끔은 지문인용 왜곡으로 정답 판단이 가능할 때도 있음), 삭제한 문장을 전제로 하여 뒤의 결론으로 진술된 문장을 정답 판단으로 활용해야 한다.

선택지 연결 법칙
[선택지에서 답의 근거와 출제자의 의도를 연결하라]

선택지는 발문에서 요구하는 출제자 의도[=평가요소]가 드러나는 진술인데, 여기에는 반드시 지문과 연결하여 출제자 의도가 포함된다.

[예시 문항]

* 다음 글을 읽고 물음에 답하시오.[2016학년도 11월 A형]

자라가 기막혀 우는 말이,

"못 보겠네, 못 보겠네, 병든 용왕 못 보겠네. 나의 충성 부족던가, 나의 정성 부족던가? 객사 신세 자라 팔자, 이 아니 불쌍한가? 명천이 감동하와 백호를 죽여 주오, 애고애고 설운지고."

이렇듯이 슬피 우니 호랑이 듣고,

"이놈, 무슨 내게 해로운 소리만 하느냐?"

자라 생각하되,

'왕명을 받들어 만 리 밖에 나와 이 지경을 당하니 한 번 죽지 두 번 죽음은 없는지라. 먹지 않는 것 없이 몽땅 먹는다 하니 내 한번 고기 값이나 하리라.'

하고 모진 마음을 굳게 먹고,

"어따, 네가 내 근본을 알려느냐?"

하며 호랑이 앞턱을 냅다 물고 매어 달리니, 호랑이가,

"애고, 놓아. 아니 먹으마."

자라 놓고 나앉으며 움츠렸던 목을 길게 빼어 염려 없이 기세를 보이니, 호랑이 보더니,

"이크, 장사 갑주 속의 방망이 총 나온다."

하며 저만치 물러앉으니, 자라 호랑이 질려 하는 낌새를 알고,

"그대가 내 근본을 자세히 아는가? 나는 수국충신 간의대부 겸 시랑 별주부, 별나리라 하네."

호랑이 무식하여 자라 별자 못 알아듣고 무수히 새겨,

"별나리, 별나리, 그저 나리도 무섭다 하되 별나리 더 무섭다. 생긴 모양보다는 직품은 높고 찬란한데, 그러면 목은 어찌 그리 되었으며, 이곳에는 어찌 나왔는가?"

자라 대답하되,

"이곳 나오고 목이 이리 된 근본을 알려나?"

"어디 좀 알아보세."

"우리 수궁이 퇴락하여 새로 다시 지은 후에 천여 개 기와를 내 손으로 이어갈 제, 추녀 끝에 돌아가다 한 발길 미끄러져 공중에서 뚝 떨어져 빙빙 돌아 나려오다 목으로 찔꺽 내려 박혀 목이 이리 되었기로 명의더러 물어보니 호랑이 쓸개가 약이 된다 하기에 벽력 장군 앞세우고 도로랑 귀신 잡아타고 호랑이 사냥 나왔으니 게가 호랑이면 쓸개 한 보 못 주겠나. 도로랑 귀신 게 있느냐? 어서 급히 빨리 나와 용천검 드는 칼로 이 호랑이 배 갈라라, 도로랑!"

하고 달려드니 호랑이 깜짝 놀라 물똥을 와락 싸고, 초나라 노랫소리에 놀란 패왕 포위 뚫고 남쪽으로 달아나듯, 적벽강 불 싸움에 패군장 위왕 조조 정욱 따라 도망하듯, 북풍에 구름 닫듯, 편전살 달아나듯, 왜물 조총 철환 닫듯, 녹수를 얼른 건너 동쪽 숲을 헤치면서 쑤루쑤루 달아나 만첩청산 바위틈에 혼자 앉아 장담하고 하는 말이,

"내 재주 아니런들 도로랑 귀신 피할손가? 하마터면 죽을뻔하였구나."

(중략)

한창 이리 춤을 출 제, 대장 범치 토끼 옆에 섰다가,

"이크, 토끼 뱃속에 간이 촐랑촐랑하는구나."

토끼 깜짝 놀라,

'어떤 게 간이라고? 뱃속에 물똥이 들어 촐랑거리는 걸 간이라 하것다. 아뿔싸, 낌새를 보아 떠나라고 하였거니 즉시 가는 것만 못할지고.' 이리할 제 별주부 잔치에 참여하였다가 눈을 부릅떠 토끼를 보며 가만히 꾸짖어 왈,

"내 듣기에도 촐랑촐랑하는 것이 분명한 간인 듯하거든 네 저러한 꾀로 우리 대왕을 속이려 하느냐?"

토끼 마음에 분하여 잔치가 끝난 후 왕께 아뢰어,

"소토 세상에서 약간 의서를 보았거니와 음허화동(陰虛火動)으로 난 병에 원기 회

복하기는 왕배탕이 제일 좋다 하오니 왕배는 곧 자라라, 오래 묵은 자라를 구하여 쓰면 기운이 자연 회복할 것이요, 그 다음에 소토의 간을 쓰면 병세 며칠 안으로 나으리다."

왕이 이때 토끼 말이라 하면 사슴을 말이라 해도 믿는지라.

즉시 명령을 내리되,

"세상에 나갔던 별주부 오래 묵었으니 법을 좇아 잡아들이라."

하니 현의도독 거북이 아뢰기를,

"옛 말씀에 '토끼를 다 잡으면 사냥개를 삶아 먹고 높이 뜬 새 없어지면 좋은 활이 숨는다.' 하였사오니 선생 말씀이 옳사오나 주부는 만리타국의 정성을 다하여 공을 이루고 왔삽거늘 제후로 봉하기는 고사하고 죽이는 것은 이웃나라가 알게 해서는 안 되는 일이나이다. 특별히 권도(權道)를 좇아 암자라로 대용하심을 바라나이다."

왕 왈,

"윤허하노라."

하시니라.

이때 별주부 천지 망극하여 집에 돌아와서 부부 서로 손을 잡고 통곡하다가 문득 생각하여 왈,

"내 일시 경솔한 말로 음해를 만나 무죄한 부인을 이 지경을 당하게 하였거니와 천리를 함께 온 정이 적지 아니하고 제 마음이 악독하여 고집스럽지 않으니 우리 정성을 다하여 빌면 다시 측은히 생각하여 구해 주리라."

하고, 즉시 별당을 깨끗이 치우고 잔치를 배설하여 토끼를 정으로 청하여 상좌에 앉히고 별주부 내외 당하에 꿇어 백배 애걸하는 말이,

"오늘날 우리 두 사람 목숨이 선생께 달렸으니 넓으신 도량으로 짐작하여 잔명을 구하여 주옵소서."

토끼 수염을 만지작거리며 웃어 왈,

"네 당초에 날 죽을 곳으로 유인함도 마음에 고이하거늘 하물며 없는 간을 있다 하여 기어이 죽이려 함은 무슨 일이며, 위태한 때에 이르러 애걸하는 것은 나를 조롱함이냐?"

- 작자 미상, 「토끼전」-

37. 윗글에 대한 이해로 가장 적절한 것은? ①

① 별주부가 호랑이 앞에서 고기 값이나 하겠다는 것은 죽음을 각오하고 상대에 맞서겠다는 의지를 드러낸 것이다.

② 호랑이가 별주부의 외양에서 떠올린 갑주와 방망이 총은 상대와 맞설 의지를 갖게 하는 것이다.

③ 호랑이가 바위틈에서 자기 재주를 장담하는 것은 패배를 설욕하려는 의지를 다지는 것이다.

④ 토끼가 낌새를 보아 떠나라는 말을 떠올리고 즉시 가야겠다고 생각하는 것은 용왕의 믿음을 저버릴 수 없다는 의지 때문이다.

⑤ 별주부가 부인이 대신 죽게 된 것을 자신의 경솔한 말과 음해 때문이라고 하는 것은 아내가 아니라 자신이 죽겠다는 의지를 가지고 있기 때문이다.

위와 같은 문항에서 **3step**을 해 보자.

37. 윗글에 대한 이해로 가장 적절한 것은?

① <u>별주부가 호랑이 앞에서 고기 값이나 하겠다는 것은</u> / 죽음을 각오하고 상대에

   [**지문 간접인용** : 특정 지문의 내용을 정리한 부분을 말함.]

맞서겠다는 의지를 드러낸 것이다.

step1 지문 간접인용 부분[혹은 기회]과 평가요소를 중심으로 나누고

   <u>선택지 중 지문간접인용 부분</u> / <u>선택지 중 평가요소</u>   ----   나누고

① 별주부가 호랑이 앞에서 고기 값이나 하겠다는 것은 / 맞서겠다는 의지를 드러낸 것이다.

step2 인용 지문 부분을 삭제하고

   <u>선택지 중 지문간접인용 부분</u> / <u>선택지 중 평가요소</u>   ----   삭제하고

① ~~별주부가 호랑이 앞에서 고기 값이나 하겠다는 것은~~ / 맞서겠다는 의지를 드러낸 것이다.

step3 인용 지문 부분과 평가요소를 연결해서 판단하자!

① 별주부가 호랑이 앞에서 고기 값이나 하겠다는 것은[정답 판단을 위한 인용 지문의 기

능]라는 대사에서 / 맞서겠다는 의지를 드러낸 것이다.[정답을 판단하는 평가요소]

지문요소 = 산택지 중 평가요소
└──[정답 확인]──┘   ---- 연결성(일치여부 확인) / 묶자!

삭제의 원칙은 정답지를 판단할 때, 완전히 배제하라는 의미는 '절대' 아니다. 인용 지문 부분은 [정답 판단을 위한 인용 지문의 기능]이 있다. 다만, 정답을 판단할 부분이 평가요소 부분이라는 점이다.

	step1. 선지 나누기(평가요소　無)	step2. 삭제하기 (평가요소 有)
①	별주부가 호랑이 앞에서 고기 값이나 하겠다는 것은	맞서겠다는 의지를 드러낸 것이다.
step3. 묶기	지문을 읽고[지문요소], [평가요소]가 나타나는지 확인[판단 요소] => 정답 판단	

출제 지문과 출제의도[=평가요소]를 연결한 선택지를 보자.

① 별주부가 호랑이 앞에서 고기 값이나 하겠다는 것은[지문 중 일부=윗글]

지문요소 : 자라 생각하되, / '왕명을 받들어 만 리 밖에 나와 이 지경을 당하니 한 번 죽지 두 번 죽음은 없는지라. 먹지 않는 것 없이 몽땅 먹는다 하니 내 한번 고기 값이나 하리라.'
죽음을 각오하고 상대에 맞서겠다는 의지를 드러낸 것[평가요소=출제자 의도]이다.

지문요소 : -하고 모진 마음을 굳게 먹고,

위에서 보는 것처럼, 선택지는 지문과 발문에서 요구하는 출제자의 의도를 연결했다는 것을 알 수 있다. 따라서 이 둘을 연결할 때, 지문(전체)과 선택지 지문에 대한 출제자의 판단(결론)인 평가요소의 적절성 여부로 판단하면 된다.

① 별주부가 호랑이 앞에서 고기 값이나 하겠다는 것은 / 죽음을 각오하고
                                 └ 정답 확인 ┘   ---- 연결성(일치 확인)
상대에 맞서겠다는 의지를 드러낸 것이다.

'죽음을 각오하고 상대에게 맞서겠다'는 결론은 '모진 마음을 굳게 먹고'라는 전제 지문에서 답의 근거를 확인할 수 있다.

선택지 ②번의 경우를 보자.

② 호랑이가 별주부의 외양에서 떠올린 갑주와 방망이 총은 / 상대와 맞설 의지를
                                 └ 정답 확인 ┘ ---- 연결성(일치 확인)
갖게 하는 것이다.

지문에서 매달리고 질려하는 자라의 모습을 볼 때, 답지에서 요구하는 정답으로는 적절하지 않다. 정답 확인은 지문과 평가요소 간의 타당한 연결성에 있다.

지문-선택지 변환 법칙
[지문과 선택지를 연결해서 체크하라.]

지문에서 평가요소를 반영해 선택지를 만든다. 독서 영역에서는 출제 지문을 변형하고, 여기에 평가요소를 반영하지만, 문학 영역에서는 특정 지문을 직접인용하거나 요약한 간접인용에다 평가요소를 반영해 선택지를 만든다. 특히 문학 영역에서는 출제 지문에 대한 정확한 이해나 감상이 중요하다.

출제 지문이 선택지에 어떻게 변환되었는지를 구체적으로 알아보자.

[예시 문항]

* 다음 글을 읽고 물음에 답하시오.[2016학년도 11월 A형]

> 자라가 기막혀 우는 말이,
> "못 보겠네, 못 보겠네, 병든 용왕 못 보겠네. 나의 충성 부족던가, 나의 정성 부족던가? 객사 신세 자라 팔자, 이 아니 불쌍한가? 명천이 감동하와 백호를 죽여 주오, 애고애고 설운지고."
> 이렇듯이 슬피 우니 호랑이 듣고,

┌─　　"이놈, 무슨 내게 해로운 소리만 하느냐?"

　　│　　자라 생각하되,

[①]│　　'왕명을 받들어 만 리 밖에 나와 이 지경을 당하니 한 번 죽지 두 번 죽음은 없는
　　│　　지라. 먹지 않는 것 없이 몽땅 먹는다 하니 내 한번 고기 값이나 하리라.'

　　└─　　하고 모진 마음을 굳게 먹고

　　┌─　　　"어따, 네가 내 근본을 알려느냐?"

　　│　　하며 호랑이 앞턱을 냅다 물고 매어 달리니, 호랑이가,

　　│　　"애고, 놓아. 아니 먹으마."

　　│　　자라 놓고 나앉으며 움츠렸던 목을 길게 빼어 염려 없이 기세를 보이니, 호랑이 보
　　│　　더니,

　　│　　"이크, 장사 갑주 속의 방망이 총 나온다."

[②]│　　하며 저만치 물러앉으니, 자라 호랑이 질려 하는 낌새를 알고,

　　│　　"그대가 내 근본을 자세히 아는가? 나는 수국충신 간의대부 겸 시랑 별주부, 별나
　　│　　리라 하네."

　　│　　호랑이 무식하여 자라 별자 못 알아듣고 무수히 새겨,

　　│　　"별나리, 별나리, 그저 나리도 무섭다 하되 별나리 더 무섭다. 생긴 모양보다는 작품
　　└─　　은 높고 찬란한데, 그러면 목은 어찌 그리 되었으며, 이곳에는 어찌 나왔는가?"

　　자라 대답하되,

　　"이곳 나오고 목이 이리 된 근본을 알려나?"

　　"어디 좀 알아보세."

　　"우리 수궁이 퇴락하여 새로 다시 지은 후에 천여 개 기와를 내 손으로 이어갈 제,
추녀 끝에 돌아가다 한 발길 미끄러져 공중에서 뚝 떨어져 빙빙 돌아 내려오다 목으로
쩔꺽 내려 박혀 목이 이리 되었기로 명의더러 물어보니 호랑이 쓸개가 약이 된다 하기
에 벽력 장군 앞세우고 도로랑 귀신 잡아타고 호랑이 사냥 나왔으니 게가 호랑이면 쓸
개 한 보 못 주겠나. 도로랑 귀신 게 있느냐? 어서 급히 빨리 나와 용천검 드는 칼로
이 호랑이 배 갈라라, 도로랑!"

　　하고 달려드니

[③] 호랑이 깜짝 놀라 물똥을 와락 싸고, 초나라 노랫소리에 놀란 패왕 포위 뚫고 남쪽으로 달아나듯, 적벽강 불 싸움에 패군장 위왕 조조 정욱 따라 도망하듯, 북풍에 구름 닫듯, 편전살 달아나듯, 왜물 조총 철환 닫듯, 녹수를 얼른 건너 동쪽 숲을 헤치면서 쑤루쑤루 달아나 만첩청산 바위틈에 혼자앉아 장담하고 하는 말이,

"내 재주 아니런들 도로랑 귀신 피할손가? 하마터면 죽을뻔하였구나."

(중략)

한창 이리 춤을 출 제, 대장 범치 토끼 옆에 섰다가,

[④] 이크, 토끼 뱃속에 간이 촐랑촐랑하는구나."

토끼 깜짝 놀라,

'어떤 게 간이라고? 뱃속에 물똥이 들어 촐랑거리는 걸 간이라 하것다. 아뿔싸, 김새를 보아 떠나라고 하였거니 즉시 가는 것만 못할지고.'

이리할 제 별주부 잔치에 참여하였다가 눈을 부릅떠 토끼를 보며 가만히 왈,

"내 듣기에도 촐랑촐랑하는 것이 분명한 간인 듯하거든 네 저러한 꾀로 우리 대왕을 속이려 하느냐?"

토끼 마음에 분하여 잔치가 끝난 후 왕께 아뢰어,

"소토 세상에서 약간 의서를 보았거니와 음허화동(陰虛火動)으로 난 병에 원기 회복하기는 왕배탕이 제일 좋다 하오니 왕배는 곧 자라라, 오래 묵은 자라를 구하여 쓰면 기운이 자연 회복할 것이요, 그 다음에 소토의 간을 쓰면 병세 며칠 안으로 나으리다."

왕이 이때 토끼 말이라 하면 사슴을 말이라 해도 믿는지라.

즉시 명령을 내리되,

"세상에 나갔던 별주부 오래 묵었으니 법을 좇아 잡아들이라."

[⑤] 하니 현의도독 거북이 아뢰기를,

"옛 말씀에 '토끼를 다 잡으면 사냥개를 삶아 먹고 높이뜬 새 없어지면 좋은 활이 숨는다.' 하였사오니 선생 말씀이 옳사오나 주부는 만리타국의 정성을 다하여 공을 이루고 왔삽거늘 제후로 봉하기는 고사하고 죽이는 것은 이웃나라가 알게 해서는 안 되는 일이니이다. 특별히 권도(權道)를 좇아 암자라로 대용하심을 바라나이다."

왕 왈,

"윤허하노라."하시니라.

이때 별주부 천지 망극하여 집에 돌아와서 부부 서로 손을 잡고 통곡하다가 문득 생각하여 왈,

"내 일시 경솔한 말로 음해를 만나 무죄한 부인을 이 지경을 당하게 하였거니와 천 리를 함께 온 정이 적지 아니하고 제 마음이 악독하여 고집스럽지 않으니 우리 정성을 다하여 빌면 다시 측은히 생각하여 구해 주리라."

하고, 즉시 별당을 깨끗이 치우고 잔치를 배설하여 토끼를 정으로 청하여 상좌에 앉히고 별주부 내외 당하에 꿇어 백배 애걸하는 말이,

오늘날 우리 두 사람 목숨이 선생께 달렸으니 넓으신 도량으로 짐작하여 잔명을 구하여 주옵소서."

토끼 수염을 만지작거리며 웃어 왈,

"네 당초에 날 죽을 곳으로 유인함도 마음에 고이하거늘 하물며 없는 간을 있다 하여 기어이 죽이려 함은 무슨 일이며, 위태한 때에 이르러 애걸하는 것은 나를 조롱함이냐?"

- 작자 미상, 「토끼전」-

37. 윗글에 대한 이해로 가장 적절한 것은? ①

① 별주부가 호랑이 앞에서 고기 값이나 하겠다는 것은 죽음을 각오하고 상대에 맞서겠다는 의지를 드러낸 것이다.

② 호랑이가 별주부의 외양에서 떠올린 갑주와 방망이 총은 상대와 맞설 의지를 갖게 하는 것이다.

③ 호랑이가 바위틈에서 자기 재주를 장담하는 것은 패배를 설욕하려는 의지를 다지는 것이다.

④ 토끼가 낌새를 보아 떠나라는 말을 떠올리고 즉시 가야겠다고 생각하는 것은 용왕의 믿음을 저버릴 수 없다는 의지 때문이다.

⑤ 별주부가 부인이 대신 죽게 된 것을 자신의 경솔한 말과 음해 때문이라고 하는 것은 아내가 아니라 자신이 죽겠다는 의지를 가지고 있기 때문이다.

선택지에서 지문과 평가요소가 어떻게 반영되었는지를 보자.

① 별주부가 호랑이 앞에서 고기 값이나 하겠다는 것은 죽음을 각오하고 상대에 맞서겠
   다는 의지를 드러낸 것이다.

지문요소 : '왕명을 받들어 만 리 밖에 나와 이 지경을 당하니 한 번 죽지 두 번 죽음은
         없는지라. 먹지 않는 것 없이 몽땅 먹는다 하니 내 한번 고기 값이나 하리라.'
         하고 모진 마음을 굳게 먹고,

정답 판단 : 자라가 '모진 마음을 굳게 먹'는 행동을 통해서 죽음을 각오하고 상대에 맞
         서겠다는 의지를 확인할 수 있다.

[선택지 구성 파악]

ㄱ. 정답인 경우

① 별주부가 호랑이 앞에서 /

-> 출제지문 맥락에서 두 인물의 대화로 파악

고기 값이나 하겠다는 것은 /

-> 지문 직접인용 : '내 한번 고기 값이나 하리라.'하고

죽음을 각오하고 상대에 맞서겠다는 의지를 드러낸 것이다.

-> 지문 직접인용 : 한 번 죽지 두 번 죽음은 없는지라. + 지문 간접인용 : 모진 마음을
   굳게 먹고,

∴ 선택지 구성을 보면 수험생들은 '별주부가 호랑이 앞에서'라는 선택지를 출제지문 맥락
  에서 확인해야 한다. 그래서 출제지문에 대한 정확한 이해나 감상을 전제로 해야 한다.

ㄴ. 오답인 경우

② 호랑이가 별주부의 외양에서 떠올린 갑주와 방망이 총은 상대와 맞설 의지를 갖게 하
   는 것이다.

지문요소 : "이크, 장사 갑주 속의 방망이 총 나온다."하며 저만치 물러 앉으니,

정답 판단 : '저만치 물러나 앉은' 행동을 통해서 호랑이가 상대에게 맞서는 것보다는 피

하고 있음을 확인할 수 있다.

③ 호랑이가 바위틈에서 자기 재주를 장담하는 것은 패배를 설욕하려는 의지를 다지는
것이다.

지문요소 : 만첩청산 바위틈에 혼자앉아 장담하고 하는 말이, "내 재주 아니런들 도로랑
귀신 피할손가? 하마터면 죽을 뻔하였구나."

정답 판단 : 호랑이는 죽을 뻔한 상황에서 벗어난 자신의 능력에 대해 뿌듯해 하고 있을
뿐이지, 패배를 설욕하려는 의지와는 무관하다.

④ 토끼가 낌새를 보아 떠나라는 말을 떠올리고 즉시 가야겠다고 생각하는 것은 용왕의
믿음을 저버릴 수 없다는 의지 때문이다.

지문요소 : '어떤 게 간이라고? 뱃속에 물똥이 들어 촐랑거리는 걸 간이라 하것다. 이뿔
싸, 낌새를 보아 떠나라고 하였거니 즉시 가는 것만 못할지고.'

정답 판단 : 자신이 죽을 위기에 처했음을 알아채는 장면일 뿐 용왕의 믿음을 저버릴 수
없다는 의지와는 관계가 없다.

⑤ 별주부가 부인이 대신 죽게 된 것을 자신의 경솔한 말과 음해 때문이라고 하는 것은
아내가 아니라 자신이 죽겠다는 의지를 가지고 있기 때문이다.

지문요소 : "내 일시 경솔한 말로 음해를 만나 무죄한 부인을 이 지경을 당하게 하였거
니와 천 리를 함께 온 정이 적지 아니하고 제 마음이 악독하여 고집스럽지 않으
니 우리 정성을 다하여 빌면 다시 측은히 생각하여 구해 주리라."

정답 판단 : 별주부는 토끼가 천 리를 함께 온 정도 있고 마음이 악독하지 않으니 용서를
빌면 구해줄 것이라고 말하고 있는 것을 볼 때 대신 죽겠다는 의지는 확인하
기 어렵다.

Code 5

지문-독해 법칙 [빠른 지문 독해로 정답을 찾아라.]

수능 문학 영역은 각 지문마다 장르적 특징과 출제 지문만이 가진 작품의 구체적인 내용 이해와 감상이 중요하다. 서정 갈래, 서사갈래, 극갈래, 교술갈래라는 각 장르적 특징을 보여 주는 작품이 출제되면서 출제 지문에서 이를 확인하는 문항이 출제된다. 그리고 출제 지문의 갈래복합화, 장문화하는 경향과 이에 따른 다수의 문항이 출제되는 경향이다. 그래서 지문에 대한 빠른 이해와 출제 지문과 평가요소를 연결해야만 정답지를 판단하는 데 도움이 된다.

수능 문학 영역에서는 총 15문항 정도 출제되고, 각 장르별로 기본적으로 3~4 문항이 출제된다.

1. 서사갈래의 경우, 출제 지문만의 서술상 특징(= 혹은 설명), 서정갈래의 경우, 표현상 특징(= 혹은 설명)을 수험생이 알고 있는가에 대해 평가한다. 즉 서사갈래인 소설은 서술상 특징(= 혹은 설명), 서정갈래인 현대시(또는 고전시가)는 표현상 특징(= 혹은 설명)에 대해 평가한다.

2. 문학 작품에서 중요한 부분 즉, 선택지에서 특정 지문을 인용(직, 간접)하거나 기호(ⓐ~ⓔ 혹은 ㉠~㉤)로 표시해 구체적인 이해나 감상을 평가한다. 그래서 서사갈래인 소설은 인물과 사건 중심의 작품 이해를 전제로 지문의 특징을 파악해야만 한다. 그리고 서정갈래인 현대시(또는 고전시가)인 경우, 시적 화자(혹은 시적 상황) 중심의 작품 이해를 전제로 파악해야만 한다.

3. 출제 지문으로서의 문학 작품이 지닌 문학사적 가치나 특징을 <보기>를 통해 작품에 대한 이해, 감상, 반응 등을 평가한다.

4. 융합지문(갈래복합)인 경우, 비교하는 문항이 출제된다. 가령 시(가)인 경우는 작품 (가), (나)를 비교하거나 소설 (가), (가)를 각색한 극 작품 (나)를 비교하는 평가 문항이 출제된다. 혹은 출제 지문 내에서 특정 지문을 [A], [B]로 표시해 비교하는 문항이 출제된다. 결국은 출제 지문에 대한 이해나 감상이 없으면 선택지 정답 판단이 어렵다.

---

* tip <보기>를 통해 작품의 전체적인 특징이나 성격을 파악할 수 있다. 하지만 미세한 작품의 이해나 감상은 한계가 있다. 이럴 때는, 선택지에서 힌트를 얻는다. 선택지는 작품과 관련한 출제자의 감상평을 선택지로 구성하기 때문에 이를 재구성하면 작품의 구체적인 특징을 파악할 수 있다. 그리고 <보기>가 있는 경우, 출제 지문을 읽기 전에 먼저 <보기>를 읽고 감상하면서 이해가 부족한 부분은 선택지를 통해 작품 내용을 파악하면서 정답 찾기를 하면 된다. 물론 정답 찾기는 출제 지문의 인용(직, 간접) 부분과 연결해서 이해와 감상을 하면 된다.

[예시 문항]

ㄱ. 서정갈래의 경우

* 다음 글을 읽고 물음에 답하시오.[2020학년도 6월]

(가)
낙엽은 폴-란드 망명정부의 지폐
포화(砲火)에 이즈러진
도룬 시(市)의 가을 하늘을 생각케 한다
길은 한 줄기 구겨진 넥타이처럼 풀어져
일광(日光)의 폭포 속으로 사라지고
조그만 담배 연기를 내어 뿜으며
새로 두 시의 급행차가 들을 달린다
포플라 나무의 근골(筋骨) 사이로
공장의 지붕은 흰 이빨을 드러내인 채
한 가닥 구부러진 철책이 바람에 나부끼고
그 위에 세로팡지(紙)로 만든 구름이 하나
자욱-한 풀벌레 소리 발길로 차며
호올로 황량한 생각 버릴 곳 없어
허공에 띄우는 돌팔매 하나
기울어진 풍경의 장막 저쪽에
고독한 반원을 긋고 잠기어 간다

— 김광균, 「추일서정」-

(나)
담쟁이덩굴이 가벼운 공기에 업혀 허공에서
허공으로 이동하고 있다

새가 푸른 하늘에 눌려 납작하게 날고 있다

들찔레가 길 밖에서 하얀 꽃을 버리며

빈자리를 만들고

샤방이 몸을 비워놓은 마른 길에
하늘이 내려와 누런 돌멩이 위에 얹힌다

길 한켠 모래가 바위를 들어올려
자기 몸 위에 놓아두고 있다

- 오규원, 「하늘과 돌멩이」 -

45. 이미지의 활용을 중심으로 (가)와 (나)를 감상한 내용으로 적절하지 <u>않은</u> 것은? ④

① (가)는 '낙엽'을 '망명정부의 지폐'에 연결하여 낙엽의 이미지에서 연상되는 무상감을 드러내고 있군.

② (가)는 '돌팔매'가 땅으로 떨어지는 이미지를 '고독한 반원'으로 표현하여 외로움의 정서를 부각하고 있군.

③ (나)는 '빈자리'를 '들찔레'가 의도적으로 만들어 낸 대상인 것처럼 표현하여 비어 있는 공간의 이미지를 떠올릴 수 있도록 의미를 부여하고 있군.

④ (가)는 '길'을 '구겨진 넥타이'의 이미지와 연결하여 도시에서 느껴지는 소외감을 표현하고, (나)는 '길 밖'과 '길 한켠'처럼 중심에서 벗어난 공간의 이미지를 활용하여 대상들 간의 거리감을 드러내고 있군.

⑤ (가)는 '허공'을 '황량한 생각'이 드러나는 공허한 이미지로 활용하고, (나)는 '담쟁이덩굴'의 움직임을 활용하여 '허공'을 감각적으로 경험할 수 있는 대상으로 묘사하고 있군.

[지문 독해]

서정갈래인 시는 대단히 압축적이며, 상징적이기 때문에 이해와 감상이 쉽지 않다. 한 편을 놓고 감상의 방향 잡기가 쉽지 않기 때문에, 발문의 평가요소에 따라 감상한 부분 즉 선택지를 이해하고 판단하면 된다. 선택지는 시에 대한 출제자의 감상평이다. 이 평에 대한 수험생의 판단이 정답을 확정하는 기준이 된다.

[시 감상]

평가요소는 '이미지의 활용으로 감상한 내용'이고, 지문요소는 '(가)와 (나)'이다. 결국 '(가)와 (나)'를 이미지로 감상하면 된다. 수험생 입장에서는 상당히 어렵기 때문에 그냥 선택지를 읽으면서 작품과 연결해 감상의 적절성을 판단하는 것이 빠른 정답 찾기이다.

선택지 ①에서, (가)는 '낙엽'을 '망명정부의 지폐'에 연결하여 / ~~낙엽의 이미지에서 연상되는~~(삭제해도 무방) / 무상감을 드러내고 있는지 / 여부를 판단하면 된다.

선택지 ②에서, (가)는 '돌팔매'가 땅으로 떨어지는 이미지를 '고독한 반원'으로 표현하여 / 외로움의 정서를 부각하고 / 있는지 여부를 판단하면 된다.

선택지 ③에서, (나)는 '빈자리'를 '들찔레'가 의도적으로 만들어 낸 대상인 것처럼 표현하여 / 비어 있는 공간의 이미지를 떠올릴 수 있도록 / 의미를 부여하고 있는지 / 여부를 판단하면 된다.

선택지 ④에서, (가)는 '길'을 '구겨진 넥타이'의 이미지와 연결하여 / 도시에서 느껴지는 소외감을 표현하고 / 있는지 여부를 판단하면 된다.[1차 정답 확인, 여기서 정답 판단이 가능하면 굳이 (나)에 대한 판단을 할 필요가 없다.] 그리고 (나)는 '길 밖'과 '길 한켠'처럼 중심에서 벗어난 공간의 이미지를 활용하여 / 대상들 간의 거리감을 드러내고 / 있는지 여부를 판단하면 된다.[2차 정답 확인] '길은 한 줄기 구겨진 넥타이처럼 풀어져 / 일광(日光)의 폭포 속으로 사라지고'라는 (가)의 4행과 5행을 보면, 시인이 가을에 느껴지는 정서('추일서정')를 표현한 것으로, 가을의 길이 마치 구겨진 넥타이와 같다는 비유와 그 길이 일광 속으로 사라진다는 표현으로 보아, 소외감보다는 맑고 개끗한 이미지를 드러내지 못한 길, 그리고 (어둠의) 도심에서 사라지는 길을 통해 '소멸감'의 정서를 표출한 것으로 보아 발문에서 요구하는 정답이기 때문에, 1차 정답 확인만으로도 정답 판단이 가능하다.

선택지 ⑤에서, (가)는 '허공'을 '황량한 생각'이 드러나는 / 공허한 이미지로 / 활용하고 있는지 여부를 판단하면 된다.[1차 정답 확인, 여기서 정답 판단이 가능하면 굳이 (나)에 대한 판단을 할 필요가 없다.] (나)는 '담쟁이덩굴'의 움직임을 활용하여 / '허공'을 감각적으로 경험할 수 있는 대상으로 묘사하고 있는지 / 여부를 판단하면 된다.[2차 정답 확인]

* tip 한 가지 의미를 다르게 표현해 헷갈리는 문학 용어

ㄱ. 공감각적 표현 = 감각의 전이
ㄴ. 의도적으로 변형한 시어 = 시적 변용 = 시적 파격 = 시적 자유 = 시적 허용
ㄷ. 편집자적 논평 = 서술자 개입

ㄴ. 서사갈래의 경우

* 다음 글을 읽고 물음에 답하시오.[2019학년도 6월]

[앞부분 줄거리] 어린 시절의 친구 은자를 주인공으로 한 소설을 발표했던 '나'는 어느 날 오랫동안 소식을 몰랐던 은자로부터 연락을 받는다.

　　다음날 아침 어김없이 은자의 전화가 걸려 왔다. 토요일이었다. 이제 오늘 밤과 내일 밤뿐이었다. 은자도 그것을 강조하였다.

　　"설마 안 올 작정은 아니겠지? 고향 친구 한번 만나 보려니까 되게 힘드네. 야, 작가 선생이 밤무대 가수 신세인 옛 친구 만나려니까 체면이 안 서데? 그러지 마라. 네 보기엔 한심할지 몰라도 오늘의 미나 박이 되기까지 참 숱하게도 넘어지고 또 넘어지고 했으니까."

　　그렇게 말할 만도 하였다. 고상한 말만 골라서 신문에 내고 이렇게 해야 할 것 아니냐, 저렇게 되면 곤란하다, 라고 말하는 게 능사인 작가에게 밤무대 가수 친구가 웬 말이냐고 볼멘소리를 해 볼 만도 하였다. 나는 아무런 대꾸도 할 수 없었다. 박은자에서 미나 박이 되기까지 그 애는 수없이 넘어지고 또 넘어진 모양이었다. 누군들 그러지 않겠는가. 부천으로 옮겨 와 살게 되면서 나는 그런 삶들의 윤기 없는 목소리를 많이 듣고 있었다. 딱히 부천이어서가 아니라 내가 부천 사람이어서 그랬을 것이었다. 창가에 붙어 앉아 귀를 모으고 있으면 지금이라도 넘어져 상처 입은 원미동 사람들의 이야기를 들을 수 있었다. 넘어졌다가 다시 일어나고, 또 넘어지는 실패의 되풀이 속에서도 그들은 정상을 향해 열심히 고개를 넘고 있었다. 정상의 면적은 좁디좁아서 아무나 디딜 수 있는 곳이 아니라는 엄연한 현실도 그들에게는 단지 속임수로밖에 납득되지 않았다. 설령 있는 힘을 다해 기어올랐다 하더라도 결국은 내리막길을 마주해야 한다는 사실 또한 수긍하지 않았다. 부딪치고, 아등바등 연명하며 기어나가는 삶의 주인들에게는 다른 이름의 진리는 아무런 소용도 없는 것이었다. 그들에게 있어 인생이란 탐구하고 사색하는 그 무엇이 아니라 몸으로 밀어 가며 안간힘으로 두들겨야 하는 굳건한 쇠문이었다. 혹은 멀리 보이는 높은 산봉우리였다.

(중략)

　　일 년에 한 번씩 타인의 낯선 얼굴을 확인하러 고향 동네에 가는 일은 쓸쓸함뿐이었다. 이제는 그 쓸쓸함조차도 내 것으로 남지 않게 될 것이었다. 누구라 해도 다시는 고향으로 돌아가지 못할 것이었다. 고향은 지나간 시간 속에 있을 뿐이니까. 누구는 동구 밖의 느티나무로, 갯마을의 짠 냄새로, 동네를 끼고 흐르는 긴 강으로 고향을 확인하며 산다고 했다. 내게 남은 마지막 표지판은 은자인 셈이었다. 보이는 것들은, 큰오빠까지도 다 변하였지만 상상 속의 은자는 언제나 같은 모습이었다. 은자만 떠올리면 옛 기억들이, 내게 남은 고향의 모든 숨소리가 손에 잡힐 듯이 다가오곤 하였다. 허물어지지 않은 큰오빠의 모습도 그 속에 온전히 남아 있었다. 내가 새부천 클럽에 가서 은자를 만나 버리고 나면 그때부터는 어떤 표지판에 기대어 고향을 찾아갈 수 있을 것인지 정말 알 수 없었다.

은자의 지금 모습이 어떤지 나는 전혀 떠올릴 수가 없다. 설령 클럽으로 찾아간다 하여도 그 애를 알아볼 수 있을지 자신할 수도 없었다. 내 기억 속의 은자는 상고머리에, 때 낀 목덜미를 물들인 박 씨의 억센 손자국, 그리고 터진 겨드랑이 사이로 내보이던 낡은 내복의 계집아이로 붙박여 있었다. 서른도 훨씬 넘은 중년 여인의 그 애를 어떻게 그려 낼 수 있는가. 수십 년간 가슴에 품어 온 고향의 얼굴을 현실 속에서 만나고 싶지는 않다, 라고 나는 생각하였다. 만나 버린 뒤에는 내게 위안을 주었던 유년의 소설도, 소설 속의 한 시대도 스러지고야 말리라는 불안감을 떨쳐 버릴 수가 없었다. 그렇다 하더라도 이미 현실로 나타난 은자를 외면할 수 있을는지 그것만큼은 풀 수 없는 숙제로 남겨 둔 채 토요일 밤을 나는 원미동 내 집에서 보내고 말았다.

일요일 낮 동안 나는 전화 곁을 떠나지 못하였다. 이제 은자는 가시 돋친 음성으로 나의 무심함을 탓할 것이었다. 그녀의 질책을 나는 고스란히 받아들일 작정이었다. 나는 그 애가 던져 올 말들을 하나하나 상상해 보면서 전화를 기다렸다. 오전에는 그러나 한 번도 전화벨이 울리지 않았다.

- 양귀자, 「한계령」-

44. 윗글의 '나'와 '은자'에 대한 이해로 가장 적절한 것은? ⑤

① '은자'는 가수로서의 성공을, '나'는 작가로서의 성공을 확신하고 있다.
② '나'는 '은자'의 전화로부터 심리적 위안을 얻으며 갈등을 해소하고 있다.
③ '은자'는 '나'와의 재회를 기대하고 있고, '나'는 '은자'의 제안을 단호히 거절하고 있다.
④ '나'는 '은자'가 도도하다고 여기고 있고, '은자'는 '나'가 체면을 차린다고 여기고 있다.
⑤ '은자'는 현재의 자신을 '나'에게 보여 주려 하고 있고, '나'는 '은자'를 통해 옛 기억을 돌아보고 있다.

[지문 독해]

　서사갈래인 소설은 특정 부분만이 출제되기 때문에 이해와 감상이 쉽지 않다. 즉 지문을 놓고 감상의 방향 잡기가 쉽지 않기 때문에, 발문의 평가요소에 따라 감상한 부분 즉 선택지를 이해하고 판단하면 된다. 선택지는 작품에 대한 출제자의 감상평이다. 이 평에 대한 수험생의 판단이 정답을 확정하는 기준이 된다.

　특히 소설은 인물의 창조 즉 인물의 개성을 강조하기 때문에, 등장인물 중심으로 파악해야 한다. 등장인물의 직업, 이에 대한 일종의 직업병, 혹은 등장인물들 간의 관계, 이들 관계로 빚어지는 심리적 갈등, 그리고 사회적 갈등과 더불어 사회적 현상 등이 인물에 미치는 영향까지 파악해야 한다.

[소설 감상]

　평가요소는 '나'와 '은자'에 대한 이해이다. 그래서 두 인물을 중심으로 이해하면 된다.

　선택지 ①에서 '은자'는 가수로서의 성공을 했는지, / '나'는 작가로서의 / 성공을 확신하고 있는지 여부로 정답을 판단하면 된다.

　선택지 ②에서 '나'는 '은자'의 전화로부터 / 심리적 위안을 얻으며 / 갈등을 해소하고 있는지 여부로 정답을 판단하면 된다.

　선택지 ③에서 '은자'는 '나'와의 재회를 기대하고 있고, / '나'는 '은자'의 제안을 / 단호히 거절하고 있는지 여부로 정답을 판단하면 된다.

　선택지 ④에서 '나'는 '은자'가 도도하다고 여기고 있고, / '은자'는 '나'가 체면을 / 차린다고 여기고 있는지 여부로 정답을 판단하면 된다.

선택지 ⑤에서 '은자'는 현재의 자신을 '나'에게 보여 주려 하고 있고, / '나'는 '은자'를 통해 옛 기억을 / 돌아보고 있는지 여부로 정답을 판단하면 된다.

＊ tip 지문에서 '주동인물1 = △ <-> 반동인물2 = ▽, 그리고 등장인물3 = ○'로 표시해 두면, 인물과 관련한 선택지 정답 판단을 쉽게 할 수 있다.

ㄷ. 극갈래의 경우

＊ 다음 글을 읽고 물음에 답하시오.[2019학년도 9월]

[앞부분 줄거리] 공동 경비 구역에서 근무하는 국군 이수혁 병장, 남성식 일병(수정의 오빠)과 인민군 오경필 중사, 정우진 전사 사이에 총격 사건이 일어난다. 중립국 감독 위원회는 소피 소령을 파견하여 보타 소장 관할 아래 사건을 조사하게 한다.

S#79. 팔각정 (낮)
팔각정에서 본 판문각 근처 부감＊ 전경 — 대질 심문을 받고 나온 수혁, 경필 일행이 회담장 앞에서 각각 차를 타고 현장을 떠난다. 카메라, 후진하면서 팔각정 내부로 초점 이동하면 보타의 손이 쑥 들어와 서류 봉투를 내민다.

소피 : (영어) (봉투를 받아 들고) 뭐죠?

보타, 대답 대신 관측경을 들여다본다.

보타 : (영어) 한국이 처음이랬지?

㉠ 보타의 관측경으로, 판문각 앞에서 쌍안경을 들고 이쪽을 관찰하는 북한 군인이 보인다.

보타 : (영어) (목소리) 그래 '아버지' 나라가 마음에 들던가?

ⓛ 판문각 쪽에서 북한 군인의 쌍안경 시점으로, 사진을 보고 있는 소피의 모습이 잡힌다.

보타의 설명 사이사이, 한국전 당시 거제도 포로수용소의 생활과 좌우 투쟁, 종전 후 공산 포로 북송, 반공 포로 석방 및 제3국행 포로의 출발과 도착 장면들이 사진과 기록 영화 화면으로 편집된다.

　보타 : (영어) (목소리) ⓒ 한국전 당시 거제도에는 인민군 포로 수용소가 있었지. 그 속에서 공산주의자와 반공주의자, 두 무리 간엔 처참한 살육이 계속됐어. 종전되고 그들에게 선택권이 주어졌어. 남으로의 귀순이냐, 북으로의 귀환이냐… 그 17만 포로 중 76명은 둘 다를 거부했어. 그들 중 지금도 행방이 묘연한 사람이 있네. 바로… 자네 아버지 장연우 같은 사람이지.

소피, 놀란 얼굴로 손에 든 다른 사진을 내려다보면 거제 포로 수용소에서 포로들, 결박당한 채 쪼그리고 앉아 있다. ⓔ 그중 동그라미가 쳐진 사람 얼굴로 줌인*.

　보타 : (영어) 표 장군이 매우 잽싸게 움직였더군. 국방부, 외무부, 인도, 아르헨티나, 스위스 대사관···며칠 사이 정보란 정보는 다 모았어. 표 장군으로선 ⓑ 전 인민군 장교의 딸인 자네에게 사건을 맡길 수 없었겠지.
　소피 : (영어) (흥분해서) 3일이면 돼요. 곧 이 병장의 자백을 받아낼 수 있다구요.
(중략)

ⓓ S#81. 소피의 숙소 (낮)
침대에 가방을 올려놓고 짐을 싸는 소피. 사진 액자를 가방에 넣으려다 말고 들여다 본다. 어린 시절의 소피와 스위스인 엄마 사진. 액자 뒤를 열어 가족사진을 꺼낸다. 접힌 부분을 펴자 숨겨진 아버지의 모습이 온전히 나타난다. 물끄러미 사진을 바라보는 소피.

S#82. 수사본부 (낮)
문이 열리고 들어오는 수혁, 목발을 짚었다. 사진을 바라보고 앉아 있는 소피.

　소피 : (수혁을 돌아보며) 오라고 해서 미안해요. 몸도 불편한데.

영문을 모르고 불려 온 수혁이 가만히 지켜보는 가운데, 탁자에 놓인 서류 봉투를 집어 들고 출입구 앞으로 가는 소피. 과녁판에서 다트 화살을 뽑아 든 다음 서류 한 장을 꽂아 고정시킨다.

소피 : 내일 자정을 기해 나를 제이에스에이 근무에서 해제한다는 명령서예요.
수혁 : 들었습니다, 아버지 얘기.
소피 : 그래, 내가 인민군 장교의 딸이란 얘길 듣고 기분이 어떻던가요?
수혁 : (주저 없이) 친근감이 들었습니다.

ⓗ 소피, 당황한 듯 잠시 침묵했다가 군복 안에 받쳐 입은 터틀넥 스웨터의 목을 젖혀 보인다. 목에 나 있는 피멍 자국.

소피 : 난 아직 흔적이 남아 있는데 이 병장은 깨끗하네요. 이 병장이 오 중사보다 힘이 센가 보지요?

당황하는 수혁, 대답 없다.

소피 : 자, 진짜 재미난 쇼는 이제부터예요. 잘 봐요.

수정의 얼굴이 프린트된 출력물을 과녁판에 꽂는 소피. 당황하는 수혁.

소피 : 수정 씨를 만나자마자 전에 본 적이 있는 얼굴이라고 생각했어요. 그런데 그 사람이 누군지 알아내는 건 그렇게 어려운 일이 아니었죠.

이번에는 수정의 초상화를 과녁판에 꽂는 소피. 놀라는 수혁.

소피 : 정우진이 그린 초상화예요. 그리고 이건(찢어져 너덜너덜한 얼굴 없는 사진을 과녁판에 꽂으며) 정우진의 시신에서 나온 사진이에요.

과녁판에 나란히 부착된 ⓒ 석 장의 이미지. 충격받은 표정의 수혁.

소피 : '사라진 탄환'이 남 일병의 알리바이를 깨는 증거였다면… (얼굴이 찢겨 나간 사진을 가리키며) '사라진 얼굴'은 네 명의 병사가 오랫동안 친하게 지냈다는 걸 뜻하는 증거죠.
수혁, 애써 외면하고 걸어간다.

수혁 : 그래서요?

ⓓ 노란색과 빨간색 디스켓 두 개를 꺼내 보이는 소피.

소피 : 완전히 다른 두 개의 수사 보고서예요. 내가 뭘 제출하느냐는 이 병장한테 달렸어요. 진실을 말해 준다면 난 후임자한테 어떤 증거나 추리도 제공하지 않겠어요.

수혁 : 협박입니까?

소피 : 거래죠.

수혁 : 영창을 가든 훈장을 받든 전 관심 없습니다. 그렇다면 ⓔ 진실의 대가로 소령님이 저한테 해 줄 수 있는 게 뭡니까?

소피 : 이 병장이 끝까지 보호하려고 하는 사람… 오경필의 안전이에요.

- 박상연 원작, 박찬욱 외 각색, 「공동 경비 구역 JSA」-

* 부감 : 카메라가 인물의 시선보다 높은 곳에서 아래로 내려다보며 촬영하는 것.
* 줌인 : 피사체의 크기를 점점 확대 촬영하는 것.

39. 윗글의 인물에 대한 설명으로 가장 적절한 것은? ⑤

① '소피'의 아버지는 전쟁이 끝나자 북으로 귀환한다.
② '소피'는 사건의 진실에 대해 조사 의지가 없다.
③ '수혁'은 '소피'의 아버지의 전력을 듣고 '소피'를 경계한다.
④ '소피'는 '사라진 얼굴'이 누구인지 짐작하지 못한다.
⑤ '소피'는 '수혁'이 '오경필'의 안전을 염려한다고 생각한다.

[지문 독해]

극갈래에서 인물 중심의 행동을 평가하는 문항은 무조건 출제된다. '소피'라는 인물의 행적(①), 심리 상태(②, ④, ⑤), '수혁'이라는 인물의 심리(②)를 파악하는 문항이다. 따라서 서사갈래인 소설처럼 인물 중심으로 작품을 읽는 것이 지문 독해의 요령이다. '소피'라는 인물 심리를 작품과 연계해서 파악하면 발문에서 요구하는 정답은 ⑤번이다.

41. 윗글을 영상화한다고 가정할 때, ㉠~㉡에 해당하는 감독의 연출 계획으로 적절하지 <u>않은</u> 것은? [3점] ⑤

① ㉠과 ㉡은 각각 관측경과 쌍안경으로 상대측을 바라보는 장면을 설정하여 남북한 대치 국면에 있는 **S#79** 공간의 특수성을 그려야겠어.

② ㉢은 인물에 초점을 맞추는 촬영과 달리 사진이나 기록 영상물을 제시하여 당시 상황을 보여 주어야겠어.

③ ㉣은 동그라미 처진 얼굴을 확대 촬영하여 '소피'의 아버지가 포로 중 한 사람이었다는 사실을 환기해야겠어.

④ ㉤은 대사 없이 인물의 행동과 소품으로 인물의 심리를 간접적으로 표현해야겠어.

⑤ ㉡은 사건의 맥락이 관객에게 인지될 수 있도록 실내 전체를 한 화면에 담아야겠어.

[지문 독해]

갈래별 특징을 묻는 문항이다. 극 갈래에서 해설(㉠, ㉡, ㉣)과 인물의 대화(㉢), 장면 촬영(㉤)을 중심으로 파악할 필요가 있다. 지문의 전체 맥락을 파악하면서 정답을 찾아야 한다.

ㄹ. 교술갈래인 경우

* 다음 글을 읽고 물음에 답하시오.[2019학년도 11월]

배 방에 누워 있어 내 신세를 생각하니
가뜩이 심란한데 대풍(大風)이 일어나서
태산(泰山) 같은 성난 물결 천지에 자욱하니
크나큰 만곡주가 나뭇잎 불리이듯
하늘에 올랐다가 지함(地陷)*에 내려지니
열두 발 쌍돛대는 차아*처럼 굽어 있고
쉰두 폭 초석(草席) 돛은 반달처럼 배불렀네
굵은 우레 잔 벼락은 등[背] 아래서 진동하고
성난 고래 동(動)한 용(龍)은 물속에서 희롱하니
방 속의 요강 타구(唾具) 자빠지고 엎어지며
상하좌우 배 방 널은 잎잎이 우는구나
이윽고 해 돋거늘 장관(壯觀)을 하여 보세
일어나 배 문 열고 문설주 잡고 서서
사면(四面)을 돌아보니 어와 장할시고
인생 천지간에 이런 구경 또 있을까
구만리 우주 속에 큰 물결뿐이로다

(중략)

그중에 전승산이 글 쓰는 양(樣) 바라보고　　　　　— [A]
필담(筆談)으로 써서 뵈되 전문(傳聞)에 퇴석(退石) 선생　┐
쉬 짓기가 유명(有名)터니 선생의 빠른 재주　　　　　│
일생 처음 보았으니 엎디어 묻잡나니　　　　　　　　[B]
필연코 귀한 별호(別號) 퇴석인가 하나이다　　　　　┘
내 웃고 써서 뵈되 늙고 병든 둔한 글을　　　　　　┐
포장(褒獎)을 과히 하니 수괴(羞愧)*키 가이 없다　　　[C]
승산이 다시 하되 소국(小國)의 천한 선비　　　　　┘
세상에 났삽다가 장(壯)한 구경 하였으니　　　　　　┐
저녁에 죽사와도 여한이 없다 하고　　　　　　　　　[D]
어디로 나가더니 또다시 들어와서　　　　　　　　　┘

아롱보(袱)에 무엇 싸고 삼목궤(杉木櫃)에 무엇 넣어

이마에 손을 얹고 엎디어 들이거늘

받아 놓고 피봉(皮封)* 보니 봉(封)한 위에 쓰였으되

각색 대단(大緞) 삼단이요 사십삼 냥 은자(銀子)로다

놀랍고 어이없어 종이에 써서 뵈되

그대 비록 외국이나 선비의 몸으로서

은화를 갖다 가서 글 값을 주려 하니

그 뜻은 감격하나 의(義)에 크게 가하지 않아

못 받고 도로 주니 허물하지 말지어다

                                  [E]

                        - 김인겸, 「일동장유가」-

* 지함 : 땅이 움푹하게 주저앉은 곳.

* 차아 : 줄기에서 벋어 나간 곁가지.

* 수괴 : 부끄럽고 창피함.

* 피봉 : 겉봉.

45. <보기>를 바탕으로 윗글을 감상한 내용으로 적절하지 <u>않은</u> 것은? [3점] ④

〈 보 기 〉

   사행 가사인 「일동장유가」에는 화자와 일본인 문인 사이의 필담 장면이 기술되어 있는데, 필담을 통한 문답 형식은 일종의 대화의 성격을 지닌다. 필담 속에는 대화가 시작되는 상황, 문답의 주요 내용, 의사소통의 심층적 의미, 선비로서의 예법 등이 자연스럽게 포함되어 있다.

① [A]는 [B]~[D]의 필담이 시작되는 계기를 보여 주는군.

② [B]의 '빠른 재주'는 '나'의 글에 대한 상대의 평가를, [C]의 '늙고 병든 둔한 글'은 자신의 글에 대한 '나'의 입장을 보여 주는군.

③ [B]의 '필담으로 써서 뵈되'와 [C]의 '내 웃고 써서 뵈되'를 통해, 문답의 형식을 활용하여 의사소통 장면을 구체적으로 제시하는군.

④ [B]의 '귀한 별호 퇴석'과 [D]의 '소국의 천한 선비'는 선비의 예법을 동원하여 동일한 사람을 다르게 지칭한 표현이군.

⑤ [D]에는 '나'의 글에 대한 상대의 찬사가 나타나 있고, [E]에는 상대의 글 값에 대한 '나'의 거절이 드러나 있군.

[지문 독해]

문학 영역의 경우, 작품 감상의 길잡이는 <보기>이다. 그래서 <보기>를 먼저 읽고, 이를 기준 삼아 지문을 감상하고 이해해야 한다. 즉 <보기>에 따라 지문을 읽고, <보기>와 관련된 지문을 선택지와 연결해서 정답을 찾기 때문에, 무조건 <보기>에 따른 감상만이 빠른 독해가 이루어진다.

ㅁ. 갈래복합의 경우

* 다음 글을 읽고 물음에 답하시오.[2019학년도 11월]

(가)

그 골목이 그렇게도 짧은 것을 그가 처음으로 느낄 수 있었을 때, 신랑의 몸은 벌써 차 속으로 사라지고, 자기와 차 사이에는 몰려든 군중이 몇 겹으로 길을 가로막았다. 이쁜이 어머니는 당황하였다. 그들의 틈을 비집고, '이제 가면, 네가 언제나 또 온단 말이냐? ……'

딸이 이제 영영 돌아오지 못하기나 하는 것같이, 그는 막 자동차에 오르려는 딸에게 달려들어,

"이쁜아."

한마디 불렀으나, 다음은 목이 메어, 얼마를 벙하니 딸의 옆 얼굴만 바라보다가, 그러한 어머니의 마음을 알아줄 턱없는 운전수가, 재촉하는 경적을 두어 번 울렸을 때, 그는 또 소스라치게 놀라며, 그저 입에서 나오는 대로, "모든 걸, 정신 채려, 조심해서, 해라 ……"

그러나 자동차의 문은 유난히 소리 내어 닫히고, 다시 또 경적이 두어 번 운 뒤, 달

리는 자동차 안에 이쁜이 모양을, 어머니는 이미 찾아볼 수가 없었다. 그는 실신한 사람같이, 얼마를 그곳에 서 있었다. 깨닫지 못하고, 눈물이 뺨을 흐른다. 그 마음 속을 알아주면서도, 아낙네들이, 경사에 눈물이 당하냐고, 그렇게 책망하였을 때, 그는 갑자기 조금 웃고, 그리고, 문득, 정신을 바짝 차리지 않으면, 그대로 그곳에서 혼도해 버리고 말 것 같은 극도의 피로와, 또 이제는 이미 도저히 구할 길 없는 마음속의 공허를, 그는 일시에 느꼈다.

제6절 몰락

한편에서 이렇게 경사가 있었을 때―(그야, 외딸을 남을 주고 난 그 뒤에, 홀어머니의 외로움과 슬픔은 컸으나 그래도 아직 그것은 한 개의 경사라 할 밖에 없을 것이다)―, 또 한편 개천 하나를 건너 신전 집에서는, 바로 이날에 이제까지의 서울에서의 살림을 거두어, 마침내 애달프게도 온 집안이 시골로 내려갔다. 독자는, 그 수다스러운 점룡이 어머니가, 이미 한 달도 전에, 어디서 어떻게 들었던 것인지, 쉬이 신전 집이 낙향을 하리라고 가장 은근하게 빨래터에서 하던 말을 기억하고 계실 것이다. 이를테면 그것이 그대로 실현된 것에 지나지 않는다. 그러나 다만 그들의 가는 곳은, 강원도 춘천이라든가 그러한 곳이 아니라, 경기 강화였다.

이 봄에 대학 의과를 마친 둘째 아들이 아직 취직처가 결정되지 않은 채, 그대로 서울 하숙에 남아 있을 뿐으로―(그러나, 그도 그로써 얼마 안 되어 충청북도 어느 지방의 '공의'가 되어 서울을 떠나고 말았다)―, 신전 집의 온 가족은, 아직도 장가를 못 간 주인의 처남까지도 바로 어디 나들이라도 가는 것처럼, 별로 남들의 주의를 끄는 일도 없이, 스무 해를 살아온 이 동리에서 사라지고 말았다.

한번 기울어진 가운은 다시 어쩌는 수 없어, 온 집안사람은, 언제든 당장이라도 서울을 떠날 수 있는 준비 아래, 오직 주인 영감의 명령만을 기다리고 있었던 것이므로, 동리 사람들도 그것을 단지 시일 문제로 알고 있었던 것이나, 그래도 이 신전 집의 몰락은, 역시 그들의 마음을 한때, 어둡게 해 주었다.

그러나 오직 그뿐이다. 이 도회에서의 패잔자는 좀 더 남의 마음에 애달픔을 주는 일 없이 무심한 이의 눈에는, 참말 어디 볼일이라도 보러 가는 사람같이, 그곳에서 얼마 안 되는 작은 광교 차부에서 강화행 자동차를 탔다. 천변에 일어나는 온갖 일에 관찰을 게을리하지 않는 이발소 소년이, 용하게도 막, 그들의 이미 오래 전에 팔린 집을 나오는 일행을 발견하고 그래 이발소 안의 모든 사람이 그것을 알았을 뿐으로, 그들이 남부끄럽다 해서, 고개나마 변변히 못 들고 빠른 걸음걸이로 천변을 걸어 나가, 그대로 큰길로 사라지는 뒷모양이라도 흘낏 본 이는 몇 명이 못 된다. 얼마 있다, 원래의 신전은 술집으로 변하고, 또 그들의 살던 집에는 좀 더 있다, 하숙옥 간판이 걸렸다.

- 박태원, 「천변풍경」-

(나)

#68. 산비탈 길

뚜벅뚜벅 걷고 있는 철호.

#69. 피난민 수용소 안(회상)

담요바지 철호의 아내가 주워 모은 널빤지 조각을 이고 들어와 부엌에 내려놓고 흩어진 머리칼을 치키며 숨을 돌리고 있다.

철호Ⓔ* : 저걸 저토록 고생시킬 줄이야.

담요바지 아내의 모습 위에 — O·L* —

여학교 교복을 입고 강당에 서서 노래를 부르고 있는 그 시절의 아내. 또 O·L되며 신부 차림의 아내가 노래를 부르고 있다. 그 옆에 상기되어 앉아 있는 결혼 피로연 석상의 철호. 노래는 '돌아오라 소렌토'.

#70. 산비탈

철호가 멍하니 시가지를 내려다보고 섰다. 황홀에 묻힌 거리.

#71. 자동차 안

해방촌의 골목길을 운전수가 땀을 빼며 빠져나와서 뒤를 돌아보고

운전수 : 손님! 이상 더 올라가지 못하겠는데요.

영호 : 그럼 내립시다. 시시한 동네까지 몰구 오느라고 수고했소.

천 환짜리 한 장을 꺼내 준다.

운전수 : (공손히) 감사합니다.

#72. 철호의 방 안

철호의 아내가 만삭의 배를 안고 누더기를 꿰매고 있다. 옆에서 콜콜 자고 있는 혜옥.

영호 : (들어오며) 혜옥아!

(중략)

#73. 철호의 집 부엌 안

민호가 팔다 남은 신문을 끼고 들어와 신들메를 끌르며

민호 : 에이 날씨도 꼭 겨울 같네.

철호Ⓔ : 어쨌든 너도 인젠 정신을 차려야지! 군대에서 나온 지도 이태나 되잖니.

영호Ⓔ : 정신 차려야죠. 그렇잖아도 금명간 판결이 날 겁니다.

철호Ⓔ : 어디 취직을 해야지.

#74. 철호의 집 방 안

영호 : 취직이요. 형님처럼 전차 값도 안 되는 월급을 받고 남의 살림이나 계산해 주란 말에요? 싫습니다.

철호 : 그럼 뭐 뾰죽한 수가 있는 줄 아니?

영호 : 있지요. 남처럼 용기만 조금 있으면.

철호 : 용기?

영호 : 네. 분명히 용기지요.

철호 : 너 설마 엉뚱한 생각을 하고 있는 건 아니겠지.

영호 : 엉뚱하긴 뭐가 엉뚱해요.

철호 : (버럭 소리를 지르며) 영호야! 그렇게 살자면 이 형도 벌써 잘살 수 있었단 말이다.

영호 : 저도 형님을 존경하지 않는 건 아녜요. 가난하더라도 깨끗이 살자는 형님을 ……. 허지만 형님! 인생이 저 골목에서 십 환짜리를 받고 코 흘리는 어린애들에게 보여 주는 요지경이라면야 가지고 있는 돈값만치 구멍으로 들여다보고 말 수도 있죠. 그렇지만 어디 인생이 자기 주머니 속의 돈 액수만치만 살고 그만둘 수 있는 요지경인가요? 형님의 어금니만 해도 푹푹 쑤시고 아픈걸 견딘다고 절약이 되는 건 아니죠. 그러니 비극이 시작되는 거죠. 지긋지긋하게 살아야 하니까 문제죠. 왜 우리라고 좀 더 넓은 테두리까지 못 나가라는 법이 어디있어요. 영호는 반쯤 끌러 놨던 넥타이를 풀어서 방구석에 픽 던진다. 철호가 무겁게 입을 연다.

철호 : 그건 억설이야.

영호 : 억설이오?

철호 : 네 말대로 꼭 잘살자면 양심이구 윤리구 버려야 한다는 것 아니야.

영호 : 천만에요.

#75. 철호의 집 골목

스카프를 두르고 핸드백을 걸친 명숙이가 엿듣고 있다.

철호Ⓔ : 그게 바루 억설이란 말이다. 마음 한구석이 어딘가 비틀려서 하는 억지란 말이다.

영호Ⓔ : 비틀렸죠. 분명히 비틀렸어요. 그런데 그 비틀리기가 너무 늦었단 말입니다.

- 이범선 원작, 이종기 각색, 「오발탄」-

* E : 효과음(effect). 화면에 삽입된 음향.

* O・L(overlap) : 하나의 화면이 끝나기 전에 다음 화면이 겹치면서 먼저 화면이 차차 사라지게 하는 기법.

21. (가)와 (나)의 공통점으로 가장 적절한 것은? ①

① 인물의 내면을 행위로 제시하여 상황을 받아들이기 어려워하는 심리를 보여 주고 있다.
② 인물 간의 갈등을 다각적으로 조명하여 사건 전개의 양상을 다면화하고 있다.
③ 인물의 회상 장면을 통해 사건 해결의 실마리를 과거에서 찾고 있다.
④ 인물 간의 대화를 통해 특정 인물의 생각과 행동을 희화화하고 있다.
⑤ 인물 간의 대결 의식을 통해 사건의 긴장감을 조성하고 있다.

[지문 독해]

복합갈래는 기본적으로 비교하는 문항이 무조건 출제된다. 서사와 극갈래는 기본적으로 인물 중심의 사건 전개가 이루어지기 때문에 인물의 성격을 파악해야 한다. 서사갈래의 특징인 인물 중심의 사건을 파악하면서 감상해야 한다. 인물의 심리, 인물의 행동을 중심에 놓고 감상하면 된다. 구체적인 감상을 묻는 문항이 아니면, 소설에서는 인물 중심의 서사 구조를 서술상 특징으로 묻는다.

24. (가)와 (나)에 대한 감상으로 적절하지 <u>않은</u> 것은? ②

① (가)의 짧게 느껴지는 '골목'은 어머니의 아쉬움을, (나)의 빠져나오기 힘든 '골목길'은 '시시한 동네'의 열악함을 보여 주고 있다.
② (가)는 딸이 멀리 떠나는 모습을 통해, (나)는 명숙이 집 밖에서 엿듣는 모습을 통해 가족들 간의 갈등 상황을 보여 주고 있다.
③ (가)의 '눈물'은 가족을 떠나보내는 자의 아픔을, (나)의 '어금니'는 가족의 생계를 꾸려 나가는 자의 견딤을 보여 주고 있다.
④ (가)는 주인 영감의 명령만을 기다리는 신전 집 가족들을 통해, (나)는 만삭의 몸에도 누더기를 꿰매는 아내의 모습을 통해 가족이 처한 불우한 상황을 보여 주고 있다.
⑤ (가)는 '도회에서의 패잔자'가 낙향하는 모습을 통해, (나)는 영호가 취직을 거부하는 모습을 통해 현실에 적응하지 못하는 인물의 처지를 보여 주고 있다.

[지문 독해]

　선택지는 등장인물과 관련된 진술로, 선택지 ①의 (가)는 등장인물의 내면 심리 상태(어머니의 아쉬움), (나)에서는 동네 사람들의 환경(열악함)을 파악해야 한다. 그리고 ②~⑤번까지는 모두 인물의 심리와 관련된 진술이다. ②번의 (가)는 딸이 멀리 떠나는 모습을 통해, (나)는 명숙이 집 밖에서 엿듣는 모습을 통해 가족들 간의 갈등 상황을 보여 주고 있다는 진술이 지문 내용 이해와 관련성이 멀다. (가)의 이별 장면에서, '영영 돌아오지 못하는 것 같아'와 '목이 메어'에서 갈등 상황을 보여 준다고 볼 수 없는 심리 상태이다. 따라서 발문에서 요구하는 정답은 ②번이다.

제2장

<보기> 없는 문항 : 정답 찾기 핵심 3step

문학 영역은 <보기> 없는 문항과 <보기> 있는 문항밖에 없다. 그래서 <보기> 없는 문항과 <보기> 있는 문항의 정답 찾기는 다소 차이가 있다. 여기서는 <보기> 없는 문항의 경우, 선택지는 지문요소 / 평가요소 / 판단요소의 결합인데, 특히 선택지에 지문인용이 없는 경우와 지문인용이 있는 경우, 지문직접 혹은 지문간접인용의 형식을 취한다.

2-1. 지문인용 없는 선택지

지문의 내용보다는 지문의 특징을 중심으로 선택지를 구성한 경우이다. 서정갈래에서는 주로 표현상 특징(= 설명), 서사갈래인 경우는 서술상 특징(= 설명), 교술 및 극 갈래는 장르적 성격을 파악하는 문항이 주로 출제된다

제1법칙 : 지문인용 없는 선택지

1. 정답 찾기 핵심 3step 예시 문항

<u>나누고 삭제하고 묶자!</u>

제1법칙만으로 모든 문항을 풀 수 있는 열쇠가 된다. 그만큼 가장 기본이며 중요한 법칙이다. 그래서 문제 풀 때 꼭 적용해야 한다.

사실 쉬운 문항일 경우 [정답 찾기 step]을 적용하지 않는 것이 더 효율적일 수 있다. 직관이 맞을 때도 있을 테니까. 하지만 어려운 문항일 경우는, 선택지 세 개는 정답과 거리가 멀다. 수험생들은 항상 선택지 두 개 중에서 하나를 선택해야 하는 고민에 부딪친다. 나머지 세 개가 정답이 아니라는 것은 알겠는데, 도대체 둘 중에 어느 것을 골라야 할까하는 고민이 남게 된다. 이러한 고민을 해결할 수 있는 제1법칙을 알아 두어야 한다.

이 법칙의 핵심인 나누기만 잘해도 정답이 헷갈릴 일이 없다. 오히려 정답에 대한 확신이 들 것이다.

step 1. 선택지는 평가요소를 기준으로 나눈다.

발문은 평가요소와 판단요소를 포함하고 있다. 그 중에서도 가장 핵심은 평가요소이다. 평가요소가 포함된 구[혹은 절]를 기준으로 선택지 문장을 1/2로 나누는 것이 step1의 전부이다. 아주 간단하다.(판단요소는 확인하고 넘어가면 된다. 적절한 것을 찾아야 하는데, 적절하지 않은 것을 선택해 틀린 경험이 있을 것이다. 그래서 확인을 꼭 하라는 것!)

[예시 문항]

* 다음 글을 읽고 물음에 답하시오.[2018학년도 9월]

> 그렇게…… 그렇게도 배가 고프디야.
> 그 넓은 운동장을 다 걸어 나올 때까지 불현듯 어머니의 입에서 새어 나온 말은 꼭 그 한마디였다. 하지만 그것은 반드시 그를 향해 묻는 말이라기보다는 넋두리에 더 가까웠다. 교문을 나선 어머니는 집으로 가는 길을 제쳐 두고 웬일인지 곧장 다릿목에서 왼쪽으로 꺾어 드는 것이었다. 저만치 구호소 식당이 눈에 들어왔을 때 그는 까닭 모를 두려움과 수치심으로 뒷걸음질을 쳤다. 그런 그를 어머니는 별안간 무서운 힘으로 잡아 끌었다.
> 가자. 아무리 없어서 못 먹고 못 입고 살더래도 나는 절대로 내 새끼를 거지나 도둑놈으로 키울 수는 없응께. 시상에…… 시상에, 돌아가신 느그 아버지가 이런 꼴을 보시면 뭣이라고 그러시끄나이.
> 어머니의 음성은 돌연 냉랭하게 변해 있었다. 끝내 그는 와앙 울음을 터뜨려 버리고 말았다. 그러나 어머니는 기어코 구호소 식당 안의 때 묻은 널빤지 의자 위에 그를 끌어다가 앉혀 놓았다.
> 잠시 후 어머니가 손바닥에 받쳐 들고 온 것은 한 그릇의 국수였다. 긴 대나무 젓가락이 찔려져 있는 그것을 어머니는 그의 앞으로 밀어 놓으며 말했다.

먹어라이. 어서 먹어 보란 말다이……

어머니의 음성에는 어느새 아까의 냉랭함이 거의 지워져있었다. 그는 몇 번 망설이다가는 젓가락을 뽑아 들고 무 조각 하나가 덩그러니 떠 있는 그 구호용 가락국수를 먹기 시작했다. 그러다가 문득 고개를 들던 그는 그만 젓가락을 딸각 놓아버리고 말았다. 마주 앉아서 그때까지 그를 줄곧 지켜보고 있었을 어머니의 눈에는 소리도 없이 눈물이 그득히 괴어오르고 있었기 때문이었다. 탁자 밑에 가지런히 모아져 있는 어머니의 낡은 먹고무신을 내려다보며 그는 갑자기 목구멍이 뻐근해져 옴을 느껴야 했다.

그 후, 그는 두 번 다시 그 빈민 구호소 식당 앞에서 얼쩡거리지 않았다. 아마도 그런 기억 때문이었는지는 몰라도, 두 아이의 아버지가 된 지금까지도 국수는 그에게 여전히 싫어하는 음식으로 남아 있었다.

(중략)

어머니한테 뭔가 이상한 변화가 일어나고 있을지도 모른다는 불길한 조짐을 처음으로 느끼기 시작한 것은 두 달 전쯤부터였다. 그날따라 겨울이 전에 없이 일찍 앞당겨 찾아온 듯한 늦가을 날씨로 밖은 유난히 썰렁했다. 젓가락으로 밥알을 헤아리듯 하며 맛없는 아침상을 받고 있노라니까 아내가 심상찮은 기색으로 곁에 쪼그려 앉는 것이었다. 그녀가 미처 입을 열기도 전에 그는 짐짓 신경질적인 표정부터 준비했다. 그즈음은 마침 지난달의 봉급을 받지 못한 데다가 그달 봉급마저도 벌써 며칠째 넘기고 있던 참이었으므로, 이번에도 또 아내의 입에서 보나마나 궁색한 소리가 튀어나오리라고 지레 짐작했던 때문이었다. 급료도 제대로 나오지 않는 직장을 뭣 하러 나다녀야 하느냐는 당연한 투정 때문에 얼마 전에도 한바탕 말다툼을 벌였던 적이 있었던 것이다. 그러나 이날 아침은 그게 아니었다.

여보. 나가시기 전에 어머님 좀 잠시 들여다보세요. 암만해도……

아니 왜. 감기약을 지어 드렸는데도 여전히 차도가 없으시대?

며칠 전부터 몸이 편찮으시다고 누워 계시는 줄은 그도 알고 있었다. 병원에 가 보는 게 어떻겠느냐고 물었더니, 특별히 아픈 데는 없노라고, 아마도 고뿔인 것 같으니까 누워 있으면 곧 괜찮아질 거라고 하며 어머니는 손을 내젓던 것이었다.

그게 아니라, 저어, 암만해도 어머님이 좀 이상해지신 것 같단 말예요.

그, 그건 또 무슨 소리야.

아내는 뭔가 숨기고 있는 듯한 어정쩡한 표정으로 그의 눈치를 살피고 있었다. 문득 불길한 예감이 뒤통수를 때렸다.

아무리 봐도 예전 같지가 않으시다구요. 그렇게 정신이 총총하시던 분이 별안간 무슨 말인지도 모를 헛소리를 하시기도 하고……. 어쩌다가는 또 말짱해 보이시는 것 같다가도 막상 물어 보면 전혀 엉뚱한 대답을 하시는 거예요. 처음엔 일부러 그러시는가 했는데, 글쎄 그게 아니에요.

도대체 난데없이 무슨 소릴 하고 있는 거야, 지금.

설마 어머니가 그럴 리가 있을까 싶으면서도 왠지 섬뜩한 예감에 그는 숟가락을 놓고 곧장 건너가 보았다.

어머니는 이불을 덮고 누워 무얼 생각하는지 멀거니 천장만 올려다보고 있었다. 의외로 안색이 나아 보였으므로 그는 적이 맘을 놓았다. 하지만 어머니는 두 번씩이나 부르는 아들의 목소리에도 대답이 없었다. 그저 꼼짝도 하지 않고 망연한 시선을 천장의 어느 한 점에 멈춰 두고 있을 뿐이었다. 한동안 멍청하게 앉아 있던 그가 자리에서 마악 일어서려 할 때였다.

찬우야이!

어머니의 입에서 불쑥 그 한마디가 튀어나오는 순간 그는 가슴이 철렁했다. 직감적으로 어떤 불길한 예감이 전신을 휩싸 안는 것 같았다. 아직까지 어머니는 한 번도 그렇게 아들의 이름을 직접 부르는 적이 없었다. 적어도 그가 결혼한 후로는 그랬다. 하지만 그보다도 더 그가 놀랐던 것은 어머니의 음성에서였다. 그것은 이미 예전의 귀에 익은 음성이 아니었다. 언제나 보이지 않는 따뜻함과 부드러움으로 흘러나오곤 하던 그 목소리에는 대신 어딘가 냉랭하면서도 들떠 있는 듯한 건조함이 배어 있었다. 그 음성을 듣는 순간 그가 내심 섬쩟했던 것은 바로 그 생경한 이질감 때문이었는지도 모른다. 그는 놀란 눈으로 황급히 어머니의 얼굴을 들여다보았다.

찬우야이. 어서 꼬두메로 돌아가자이. 느그 아부지랑 찬세가 얼매나 기다리겠냐아. 더 추워지기 전에 싸게싸게 집으로 가야한단 말다이.

어머니는 나직하게, 그러나 힘이 서린 목소리로 그렇게 말하는 것이었다. 그가 너무 당황하여 그 말이 무슨 뜻인지를 얼른 쉽사리 가려낼 수가 없었다.

- 임철우, 「눈이 오면」-

43. 윗글의 서술상 특징으로 적절하지 않은 것은? ①

① 특정 인물의 회상을 중심으로 이야기를 전개하고 있다.

평가요소는 '서술상의 특징'이고, 이에 해당하는 부분이 '인물'이라는 것을 알 수 있다. 이를 바탕으로 [정답 찾기 3step]을 적용해 보자.

선택지 ①번을 평가요소가 포함된 구[혹은 절]를 기준으로 나누어 보자.

특정 인물의 회상을 중심으로 / 이야기를 전개하고 있다.

이렇게 두 부분으로 나누면 된다. 핵심은 나누는 기준이 평가요소라는 것이다.

step1. 선택지 나누기		
①	특정 인물의 회상을 중심으로	이야기를 전개하고 있다.

step 2. 평가요소가 아닌 부분은 삭제한다.

* 선택지에서 평가요소가 아닌 부분은 과감하게 삭제하자. !

출제자가 묻고자 하는 것은 평가요소다. 그 외에는 정답을 결정하는 요소가 아니므로 전혀 고려하지 않아도 된다.

평가요소가 없는 부분은 삭제하기를 해보자.

① 특정 인물의 회상을 중심으로 / ~~이야기를 전개하고 있다.~~

이렇게 삭제하는 것만으로도 문제를 풀 때 고려해야 할 부분을 반으로 줄일 수 있다.

발칙한 생각

소설은 당연히 '이야기가 전개'되는 것이 아닌가? 정답 판단과 무관하기 때문에 삭제한다.

사실 소설은 언제나 이야기를 전개하고 있다. 그래서 평가요소가 아닌 부분은 과감하게 삭제해도 정답 판단에 지장이 없다.

	step1. 선지 나누기(평가요소 有)	step2. 삭제하기 (평가요소 無)
①	특정 인물의 회상을 중심으로	~~이야기를 전개하고 있다.~~

step 3. 선택지의 평가요소와 지문요소를 묶는다.

지문에는 가장 중요한 답의 근거(전제)가 있다. 그렇기 때문에 출제자가 묻는 평가요소와 지문요소가 묶이는지 확인(결론)해야 한다. 묶을 것이 있으면 선택지는 적절한 설명이 되고, 묶을 것이 없으면 적절하지 않은 설명이 되는 것이다.

정리하자면,
step1 <u>선택지 중 평가요소 부분</u> / <u>선택지 중 평가요소 아닌 부분</u>   ---- 나누고
step2 <u>산택지 중 평가요소 부분</u> / <u>선택지 중 평가요소 아닌 부분</u>   ---- 삭제하고
step3 <u>지문요소</u> = <u>산택지 중 평가요소 부분</u>
         ㄴ 정답 확인 ㅓ   ---- 연결성(일치여부 확인) / 묶자!

앞 단계까지는 선택지를 분석하여 시간을 줄이기 위한 수단이었다면, 이 단계는 줄인 시간을 이용하여 지문에서 답의 근거를 정확하게 찾아 묶는 것이 중요하다.

> ··· 그러다가 문득 고개를 들었던 그는 그만 젓가락을 딸각 놓아버리고 말았다. 마주 앉아서 그때까지 그를 줄곧 지켜보고 있었을 어머니의 눈에는 소리도 없이 눈물이 그득히 괴어오르고 있었기 때문이었다. 탁자 밑에 가지런히 모아져 있는 어머니의 낡은 먹고무신을 내려다보며 그는 갑자기 목구멍이 뻐근해져 옴을 느껴야 했다.
>
> 　그 후, 그는 두 번 다시 그 빈민 구호소 식당 앞에서 얼쩡거리지 않았다. **아마도 그런 기억 때문이었는지는 몰라도,** 두 아이의 아버지가 된 지금까지도 국수는 그에게 여전히 싫어하는 음식으로 남아 있었다.
>
> 　　　　　　　　　　　　　　　　　　　- 임철우, 「눈이 오면」-

43. 윗글의 <u>서술상 특징</u>으로 적절하지 <u>않은</u> 것은?
　　　평가요소

① 특정 인물의 회상을 중심으로 / ~~이야기를 전개하고 있다.~~

출제자가 묻고자 하는 즉, 평가요소가 포함된 절과 지문요소를 묶어 본다. 그러니까 이 예시의 경우, 오답일지 정답일지 판단해야 할 부분은 '특정 인물의 회상'이 나타나는 부분을 지문 속에서 찾을 수 있는지만 확인하면 되는 것이다.

'그런 기억'이라는 지문요소를 통해서 '빈민 구호소 식당'에서의 사건이 과거에 발생한 일이며 '그'라는 인물이 현재에 회상하고 있는 부분임을 파악할 수 있다. 이처럼 지문 속에서 '특정 인물의 회상'이라는 평가요소와 묶을 수 있는 지문요소를 찾으면 된다. 이 지문에서는 선택지와 묶을 수 있으니, 적절한 설명이라고 하겠다.

지문요소가 반드시 하나의 단어 또는 어구일 필요는 없다. 지문 곳곳에 흩어져 평가요소와의 고리가 만들어지기도 한다.

	step1. 선지 나누기(평가요소 有)	step2. 삭제하기 (평가요소 無)
①	특정 인물의 회상을 중심으로	~~이야기를 전개하고 있다.~~
step3. 묶기	지문을 읽고[지문요소], '특정 인물의 회상'[평가요소]이 나타나는 지 확인[판단요소]	

결국,

      1. 평가요소를 기준으로 선택지를 나누고,

      2. 그 외의 부분은 과감히 삭제하고,

      3. 평가요소와 지문요소를 묶어 타당성 여부로 정답을 판단!

tip 답을 확신할 때까지 계속 나누어야 하는 이유

적용 단계	선택지 ①
1/2 나누기	특정 인물의 회상을 중심으로 / 이야기를 전개하고 있다.
1/3 나누기	특정 인물의 / 회상을 중심으로 / 이야기를 전개하고 있다.
1/n 나누기	▷특정 인물의 / 회상을 / 중심으로 / 이야기를 전개하고 있다. ▷특정 / 인물의 / 회상을 / 중심으로 / 이야기를 전개하고 있다.

● 1/2 나누기 적용

선택지 ①에서 평가요소는 '인물'이다. 따라서 '특정 인물의 회상'이 정답 여부의 중심이 된다. '이야기를 전개하고 있다.'라는 부분은 평가요소가 아니기 때문에 삭제하면 된다. 이제 할 일은 '특정 인물의 회상'을 지문요소와 묶으면 끝.

● 1/3 나누기 적용

만약 1/2 나누기를 적용하여도 답을 판단하기 어렵다면 다시 나누기를 적용해야 한다. 이때의 정답 경우의 수는 아래의 표처럼 늘어난다. 때문에 특정 인물[다수의 등장인물일 수도 있음] 혹은 회상[회상이 아닐 수도 있음]을 중심으로 각각의 경우를 따져야 한다. 즉 지문 내용이 특정 인물을 중심으로 전개되는지와 회상을 중심으로 전개되는지 확인하면 끝.

● 1/n 나누기 적용

특정인물	회상	적절성 여부
O	X	X (특정인물이 나타나지만 회상이 없는 경우)
X	O	X (회상은 있지만 특정인물의 회상이 아닌 경우)
O	O	O (특정인물의 회상인 경우)

위의 두 방법을 적용했음에도 답을 못 찾는다면, 더 나누어 답지를 판단해야 한다. 이때는 삭제하기를 한 부분도 나눠야 할 수도 있다. 이 경우는 매우 드물다. 왜냐하면, 평가요소가 아니기 때문이다.(최후의 방법이니 이 단계까지 오지 않기를 바라자!)

선택지를 나누는 이유는 구 혹은 절로 이루어진 평가요소의 의미가 뚜렷해지기 때문이다. 선택지도 결국 문장이다. 문장을 이루는 단위는 구나 어절이다. 그래서 문장을 둘 혹은 셋, 그 이상으로 나누면 문장 전체의 의미가 뚜렷하게 드러난다.(영어 문장을 분석할 때에도 주어, 동사, 형용사 등으로 끊어 해석하는 이유는 문장을 더 정확하게 파악하기 위해서인 것처럼.) 국어 또한 끊어 읽으면 그 의미가 더욱 분명해진다. 그러나 영어처럼 모든 문장 요소마다 끊어 읽을 필요는 없다. 수능 국어는 평가요소를 기준으로만 끊어도 충분하다.

선택지를 구체적으로 적용해 보자.

①번 적용

step1 나누고	① 특정 인물의 회상을 중심으로(평가요소) / 이야기를 전개하고 있다. * 발칙한 생각 : 소설은 본래 이야기를 전개한다. 그래서 정답을 결정하는 　　　　　　　 것과는 상관이 없다.
step2 삭제하고	① 특정 인물의 회상을 중심으로 / ~~이야기를 전개하고 있다.~~
step3 묶자	지문요소 : 그 후, 그는 두 번 다시 그 빈민 구호소 식당 앞에서 얼쩡거리지 　　　　　 않았다. 아마도 그런 기억 때문이었는지는 몰라도, 두 아이의 아 　　　　　 버지가 된 지금까지도 국수는 그에게 여전히 싫어하는 음식으로 　　　　　 남아 있었다. 평가요소 : 특정 인물의 회상을 중심으로 => 지문요소와 평가요소가 내용상 일치 여부를 확인한다. '그'의 '빈민 구 　　호소 식당'에서의 기억을 회상하고 있음을 알 수 있다.

②번 적용

step1 나누고	② 계절의 변화를 통해(평가요소) / 사건 해결의 실마리가 드러나고 있다. * 발칙한 생각 : 소설의 사건의 실마리가 드러나지만, 결국은　계절의 변 　　　　　　　 화가 사건의 실마리와 연관되어 있는가만 확인하면 된다.
step2 삭제하고	② 계절의 변화를 통해 / ~~사건 해결의 실마리가 드러나고 있다.~~
step3 묶자	지문요소 : X 평가요소 : 계절의 변화를 통해 => 계절의 변화를 나타내는 표현은 없다

③번 적용

step1 나누고	③ 공간적 배경에 대한 상세한 묘사를 통해(평가요소) / 사건 전개를 지연시키고 있다. * 발칙한 생각 : 상세한 묘사는 사건 전개를 지연시킬 수밖에 없지 않는가?
step2 삭제하고	③ 공간적 배경에 대한 상세한 묘사를 통해 / ~~사건 전개를 지연시키고 있다.~~
step3 묶자	지문요소 : X 평가요소 : 공간적 배경에 대한 상세한 묘사를 통해 => 공간적 배경은 '빈민 구호소 식당'과 '집'으로 파악할 수 있지만, 이를 상세하게 묘사하고 있는 표현은 나타나지 않는다.

④번 적용

step1 나누고	④ 서술자가 관찰자의 입장에서 사건을 전달함으로써(평가요소) / 객관성을 높이고 있다.
step2 삭제하고	④ 서술자가 관찰자의 입장에서 사건을 전달함으로써 / ~~객관성을 높이고 있다.~~
step3 묶자	지문요소 : 1) 탁자 밑에 가지런히 모아져 있는 어머니의 낡은 먹고무신을 내려다보며 그는 갑자기 목구멍이 뻐근해져 옴을 느껴야 했다. 2) 설마 어머니가 그럴 리가 있을까 싶으면서도 왠지 섬뜩한 예감에 그는 숟가락을 놓고 곧장 건너가 보았다. 평가요소 : 서술자가 관찰자의 입장에서 사건을 전달함으로써 => 서술자가 '관찰자의 입장'인지 아닌지부터 확인해야 한다. 지문요소를 보면 서술자가 인물의 내면까지 모두 파악하고 있기 때문에 '전지적 작가 시점'이라는 것을 알 수 있다. * 발칙한 생각 : 만약 평가요소만으로 오답을 찾아내기 어렵다면 '삭제한 부분'인 '객관성'이 나타나는지 확인하는 '1/n 법칙'을 사용해 보면 된다. '객관성'은 이미 '3인칭'임을 전제로 하기 때문이다.

⑤번 적용

step1 나누고	⑤ 서술의 초점을 다양한 인물로 옮겨 가며(평가요소) / 갈등을 다각적으로 조명하고 있다. * 발칙한 생각 : 다양한 인물을 옮겨 가는 자체가 갈등을 다각적으로 조명 하는 것과 관련성이 있지 않는가?
step2 삭제하고	⑤ 서술의 초점을 다양한 인물로 옮겨 가며 / 갈등을 다각적으로 조명하고 있다.
step3 묶자	지문요소 : X 평가요소 : 서술의 초점을 다양한 인물로 옮겨 가며 정답 판단 : '그'와 '어머니'의 이야기이지만, 서술의 초점을 다양한 인물로 옮겨 간다고 볼 수 없다. * 발칙한 생각 : 작품의 일부를 지문으로 만드는 것이기 때문에 지문 속에 서 소설의 초점이 '다양한 인물'에 맞춰지거나, '갈등'을 다각적으로 다루기 어렵다. 때문에 수능 지문에서는 정 답이 될 확률이 매우 낮다.

발칙한 생각

① 특정 인물의 회상을 중심으로 / ~~이야기를 전개하고 있다.~~

-> 소설은 본래 이야기를 전개하는 것이 아닐까? 그래서 선택지
  뒷부분은 관련성이 없다는 것이다.

② 계절의 변화를 통해 / ~~사건 해결의 실마리가 드러나고 있다.~~

-> 소설에서 사건의 실마리가 드러나지 않을까? 드러나거나 드러
  나지 않거나 선택지 앞부분이 정답 판단의 1차적인 관건이다.

③ 공간적 배경에 대한 상세한 묘사를 통해 / ~~사건 전개를 자연스~~

커고 있다.

-> 상세한 묘사는 결국 사건 전개를 지연시킬 수밖에 없지 않을까?

④ 서술자가 관찰자의 입장에서 사건을 전달함으로써 / 객관성을 높이고 있다.

-> 소설의 객관성 여부는 선택지의 앞부분, 즉 관찰자 입장은 사건의 객관성이 담보되는 것은 아닌가?

⑤ 서술의 초점을 다양한 인물로 옮겨 가며 / 갈등을 다각적으로 조명하고 있다.

-> 다양한 인물로 옮겨가는 것 자체가 갈등을 다각도로 조명된다는 의미와 다를까?

[예시 문항]

* 다음 글을 읽고 물음에 답하시오.[2018학년도 9월]

> (가)
> 꿈을 아느냐 네게 물으면,
> 플라타너스,
> 너의 머리는 어느덧 파아란 하늘에 젖어 있다.
>
> 너는 사모할 줄을 모르나,
> 플라타너스,
> 너는 네게 있는 것으로 그늘을 늘인다.
>
> 먼 길에 올 제,
> 홀로 되어 외로울 제,
> 플라타너스,

너는 그 길을 나와 같이 걸었다.

이제 너의 뿌리 깊이
나의 영혼을 불어넣고 가도 좋으련만,
플라타너스,
나는 너와 함께 신이 아니다!

수고론 우리의 길이 다하는 어느 날,
플라타너스,
너를 맞아 줄 검은 흙이 먼 곳에 따로이 있느냐?
나는 오직 너를 지켜 네 이웃이 되고 싶을 뿐,
그곳은 아름다운 별과 나의 사랑하는 창이 열린 길이다.

- 김현승, 「플라타너스」-

20. (가)에 대한 설명으로 가장 적절한 것은? ①

① 반복적 호명을 통해 중심 대상으로 초점을 모으고 있다.
② 반어적 표현을 활용하여 대상의 이중성을 부각하고 있다.
③ 색채어를 활용하여 대상의 고풍스러운 모습을 드러내고 있다.
④ 현재형 진술을 통해 대상의 역동적 성격을 보여 주고 있다.
⑤ 상승적 이미지를 활용하여 사물의 변화 과정을 표현하고 있다.

[정답 찾기 3step]

step 1. 선택지는 평가요소를 기준으로 나눈다.

① 반복적 호명을 통해 / 중심 대상으로 초점을 모으고 있다.
② 반어적 표현을 활용하여 / 대상의 이중성을 부각하고 있다.
③ 색채어를 활용하여 / 대상의 고풍스러운 모습을 드러내고 있다.
④ 현재형 진술을 통해 / 대상의 역동적 성격을 보여 주고 있다.
⑤ 상승적 이미지를 활용하여 / 사물의 변화 과정을 표현하고 있다.

step 2. 평가요소가 아닌 부분은 삭제한다.

① 반복적 호명을 통해 / ~~중심 대상으로 초점을 모으고 있다.~~
② 반어적 표현을 활용하여 / ~~대상의 이중성을 부각하고 있다.~~
③ 색채어를 활용하여 / ~~대상의 고풍스러운 모습을 드러내고 있다.~~
④ 현재형 진술을 통해 / ~~대상의 역동적 성격을 보여 주고 있다.~~
⑤ 상승적 이미지를 활용하여 / ~~사물의 변화 과정을 표현하고 있다.~~

step 3. 선택지의 평가요소와 지문요소를 묶는다.

① 반복적 호명을 통해 / ~~중심 대상으로 초점을 모으고 있다.~~
② 반어적 표현을 활용하여 / ~~대상의 이중성을 부각하고 있다.~~
③ 색채어를 활용하여 / ~~대상의 고풍스러운 모습을 드러내고 있다.~~
④ 현재형 진술을 통해 / ~~대상의 역동적 성격을 보여 주고 있다.~~
⑤ 상승적 이미지를 활용하여 / ~~사물의 변화 과정을 표현하고 있다.~~

발칙한 생각

1. 선택지 절반의 법칙 근거: 선택지의 앞부분과 뒷부분이 동일한 의미이기 때문에 앞부분만으로 정답을 확정할 수 있다.
2. 발문에서 반드시 특정한 '표현상 특징'에 따른 '효과'의 진술이기 때문에 같은 맥락이다.

① 반복적 호명을 통해 / ~~중심 대상으로 초점을 모으고 있다.~~
⇒ 특정 대상을 반복적으로 호명한다는 의미는 뭘까? 그 효과는 특정 대상에 대한 초점

을 맞추는 것이 아닐까?

② 반어적 표현을 활용하여 / 대상의 이중성을 부각하고 있다.

=> 표면적인 의미와 이면적인 의미가 반대인 표현법은 이중성의 의미를 담고 있다고 볼 수 있지 않을까?

③ 색채어를 활용하여 / 대상의 고풍스러운 모습을 드러내고 있다.

=> 색채어는 대상의 모습을 드러내는 특징이 아닐까? 혹시난 고풍스러운지는 고민이 좀 되기는 됩니다만.

④ 현재형 진술을 통해 / 대상의 역동적 성격을 보여 주고 있다.

=> 현재성은 현장성으로 좀더 역동적이지 않을까?

⑤ 상승적 이미지를 활용하여 / 사물의 변화 과정을 표현하고 있다.

=> 상승적 이미지이든 하강적 이미지이든 간에 사물의 변화 과정이 있기 마련이겠죠?

이처럼 나누고, 삭제하고 선지의 평가요소와 지문요소를 묶어 보면, '플라타너스'라는 대상의 반복적인 호명이 보인다.

2. 실전 문항

[실전 문항 1]

* 다음 글을 읽고 물음에 답하시오.[2017학년도 11월]

> (다)
>
> "피란 안 갔다고 야단맞지 않을까요?"
>
> 윤씨가 걱정스럽게 묻는다. 김씨 댁 아주머니의 얼굴도 잠시 흐려진다. 그러나 이내 쾌활한 목소리로,
>
> "쌀 배급을 주는데 야단을 치려구요? 세상에 불쌍한 백성을 더 이상 어쩌겠어요?"
>
> "그래도 댁은…… 우린 애아범이 그래 놔서…… 전에도 배급을 못 타 먹었는데."
>
> "이 마당에서 그걸 누가 알겠어요? 어지간히 시달려 놔서 이젠 그렇게들 안 할 거예요."
>
> 둑길을 건너서 인도교 가까이 갔을 때 노량진 쪽에서 사람들이 몰려온다. 어느 구석에 끼여 있었던지 용케 죽지도 않고, 스무명가량의 사람들이 떼 지어 간다. 김씨 댁 아주머니는,
>
> "여보시오! 어디서 배급을 줍니까?"
>
> 하고 물었으나 그들은 미친 듯 뛰어갈 뿐이다.
>
> "여보, 여보시오! 어디서 배급을 줍니까?"
>
> 다시 물었으나 여전히 그들은 뛰어간다. 윤씨와 김씨 댁 아주머니도 이제 더 이상 묻지 않고 그들을 따라 뛰어간다. 그들이 간 곳은 한강 모래밭이었다. 강의 얼음은 아직 풀리지 않았다. 그곳에는 여남은 명가량의 사람들이 몰려 있었다. 사실은 배급이 아니었다. 밤사이에 중공군과 인민군이 후퇴하면서 미처 날라가지 못했던 식량이 여기저기 흩어져 있었던 것이다. 사람들은 갈가마귀떼처럼 몰려들어 가마니를 열었다. 그리고 악을 쓰면서 자루에다 쌀과 수수를 집어넣는다. 쌀과 수수가 강변에 흩어진다. 사람들은 굶주린 이리떼처럼 눈에 핏발이 서서 자루에 곡식을 넣어 짊어지고 일어섰다. 쌀자루를 짊어지고 강변을 따라 급히 도망쳐 가는 사나이들, 쌀자루에 쌀을 옮겨 넣는 아낙들, 필사적이다. 그야말로 전쟁이다. 김씨 댁 아주머니와 윤씨도 허겁지겁 달려들어 쌀을 퍼낸다. 그리고 떨리는 손으로 자루 끝을 여민 뒤 머리에 이고 일어섰다. 그 순간 하늘이 진동하고 땅이 꺼지는 듯 고함 소리, 총성과 함께 윤씨가 푹 쓰러진다. 윤씨는 외마디 소리를 지르며 쌀자루 위에 얼굴을 처박는다. 거무죽죽한 피가 모래밭에 스며든다.
>
> (중략)

김씨 부인이,

"애기 엄마……."

하고 소리쳐 부른다. 지영은 그냥 쫓아간다.

"큰일 나요! 큰일 나, 지금 가면 안 돼요! 애기를 어쩌려고 그러는 거요."

지영은 언덕길을 미끄러지는 듯 달려간다. 둑길을 넘었다. 강변에는 아무도 없었다. 강물도 하늘도 강 건너 서울도 회색빛 속에 싸여 있었다. 지영은 윤씨를 내려다본다. 쌀자루를 꼭 껴안고 있다. 쌀자루는 피에 젖어 거무죽죽하다. 지영은 윤씨를 안아 일으킨다. 그리고 들춰 업는다. 그는 한 발 한 발 힘을 주며 걸음을 옮긴다. 윤씨를 업고 벼랑을 기어오른다. 아무것도 기억할 수가 없었다. 아무것도 보이지 않았다. 얼마나 오랜 시간이 흘렀는지 그는 둑길까지 나왔다. 둑길에서 저 멀리 과천으로 뻗은 길을 바라본다. 길은 외줄기…… 멀리멀리 뻗어 있다.

지영은 집으로 돌아왔다.

- 박경리, 「시장과 전장」-

26. (다)의 서술상의 특징에 대한 설명으로 가장 적절한 것은?

① 인물의 연속적인 행위를 제시하여 인물이 처한 긴박한 상황을 드러내고 있다.

② 대화를 통해 과거로 돌아가려 하는 인물들의 심리를 보여 주고 있다.

③ 인물의 경험을 관념적으로 서술하며 사건의 원인을 분석하고 있다.

④ 시간적 배경을 묘사하여 인물의 성격 변화를 암시하고 있다.

⑤ 인물의 회상을 통해 인물 간 갈등의 원인을 제시하고 있다.

[실전 문항 2]

* 다음 글을 읽고 물음에 답하시오.[2017학년도 9월]

(나)

　차차 송 영감의 솜씨에는 틈이 생기기 시작했다. 더구나 조마구와 부채마치*로 두드려 올릴 때, 퍼뜩 눈앞에 아내와 조수의 환영이 떠오르면 짓던 독을 때리는지 아내와 조수를 때리는지 분간 못 하는 새, 독이 그만 얇게 못나게 지어지곤 했다. 그리고 전*을 잡는 손이 떨려, 가뜩이나 제일 힘든 마무리의 전이 잘 잡히지를 않았다. 열 때문도 있었다. 송 영감은 쓰러지듯이 짓던 독 옆에 눕고 말았다.

　송 영감이 정신이 들었을 때는 저녁때가 기울어서였다. 왱손이도 흙 몇 덩이를 이겨 놓고 가고 없었다. 언제부터인가 바깥 저녁 그늘 속에 애가 남쪽 장길을 향해 쪼그리고 앉아 있었다.어머니를 기다리는 거리라. 언제나처럼 장 보러 간 어머니가 언제나처럼 저녁때면 조수에게 장감을 지워 가지고 돌아올 줄로만 아직 아는가 보다.

　밖을 내다보던 송 영감은 제힘만이 아닌 어떤 힘으로 벌떡 일어나 다시 독 짓기를 시작하는 것이었으나, 이번에는 겨우 한 개를 짓고는 다시 쓰러지듯이 눕고 말았다.

[A]
　다음에 송 영감이 정신이 든 것은 아주 어두운 속에서 애가 흔들어 깨워서였다. 먹이던 애가 깨나는 아버지를 보고 그제야 안심된 듯이 저쪽에서 밥그릇을 가져다 아버지 앞에 놓았다. 웬 거냐고 하니까 애가, 앵두나뭇집 할머니가 주더라고 한다. 송 영감은 확 분노가 치밀어, 누가 거랑질해 오라더냐고 밥그릇을 밀쳐 놓자 애가 훌쩍훌쩍 울기 시작했다. 송 영감은 아침에 어제의 저녁밥 남은 것을 조금 뜨는 것처럼 하고는 하루 종일 아무것도 입에 대지 않은 것을 생각하고, 애도 아직 저녁을 못 먹었을지 모른다고 밥그릇을 도로 끌어다 한술 입에 떠넣으며 이번에는 애보고, 맛있으니 너도 먹으라는 것이었으나, 자신은 입맛을 잃은 탓만도 아닌 무엇이 밥 넘기려는 목을 치밀어 올라오곤 해, 좀처럼 밥을 넘길 수가 없었다.

　다음날 아침에는 송 영감이 죽인지 밥인지 모를 것을 끓였다. 여전히 입맛은 없었으나 어제 저녁처럼 목이 메어 오르는 것은 없었다.

　오늘은 또 지어 올리는 독을 말리느라고 처음에는 독 밖에 피워 놓았다가 독이 한 반쯤 지어지면 독 안에 매달아 놓은 숯불의 숯내까지가 머리를 더 무겁게 했다. 사십 년래 없이 숯내를 다 먹는 듯했다.

　송 영감은 어제보다 더 쓰러져 넘어지는 도수가 많았다. 흙이기던 왱손이가 이래서는 도무지 한 가마 채우지 못하리라고 송 영감에게 내년에 마저 지어 첫 가마에 넣도록 하는 게 어떠냐고 몇 번이고 권해 보았으나 송 영감은 일어났다가는 쓰러지고, 일어났다가는 쓰러지고 하면서도 독 짓기를 그만두려고 하지는 않았다.

- 황순원, 「독 짓는 늙은이」-

* 조마구와 부채마치 : 옹기를 제작할 때 사용하는 한 쌍의 도구.
* 전 : 옹기 등 물건의 위쪽 가장자리가 조금 넓적하게 된 부분.

23. [A]의 서술 방식으로 가장 적절한 것은?

① 시간의 흐름을 단계적으로 보여 줌으로써, 갈등이 해소되는 과정을 부각하고 있다.

② 인물 간의 대화에 서술자가 개입함으로써, 인물에 대한 서술자의 평가를 제시하고 있다.

③ 새로운 인물이 다른 인물의 발화를 통해 등장함으로써, 인물간의 대립 구도가 전환되고 있다.

④ 서술자가 인물의 분노를 직접적으로 제시함으로써, 상황에 대한 인물의 태도를 드러내고 있다.

⑤ 인물들의 심리 상태를 공간적 거리와 결부하여 서술함으로써, 인물 간의 심리적 거리감을 보여 주고 있다.

[실전 문항 3]

* 다음 글을 읽고 물음에 답하시오.[2018학년도 11월]

조무래기들은 도깨비불만 보면 네 그르니 내 옳으니 하며 짜그락거리기 일쑤였고, 그러면 나이 좀 있는 사람이 얼른 쉬쉬하면서, 도깨비가 듣겠다고 나무라 주게 마련이었던 것이다. 도깨비가 들으면 무엇이 어떻다고 불똥 끄듯 서두르며 말리려 들었을까.

그것은 아무도 가르쳐 주지 않았다. 알면서도 짐짓 모르는 시늉을 해 보이려 했지만, 그네들도 어려서부터 가르쳐 준 이가 없어 이렇다 하게 내놓지 못하는 눈치가 역연하던 것이다. 그것은 바지랑대에 등을 매달고 멍석에 둘러앉아 삼을 삼거나 태모시를 톺던* 늘그막의 아낙네들도 마찬가지로 가늠을 못 해, 도깨비불에 손가락질하면 도깨비가 쫓아온다는 것밖에 다른 말은 할 줄 모르고 있었다. 그네들은 낮춘말로, 도깨비들이 벌거벗고 산다더라고 귀띔해 주었으며, 그것은 그것들이 여름내 왕대뫼 자드락이나 갯가에 나와 불놀이를 하다가도, 기러기 그림자에 논두렁 콩노굿*이 지고 오려논에 자마구*가 일며부터는 아무도 모르게 간곳없이 사라지던 것을 보아 믿을 만한 말이라고 우길 따름이었다.

된내기* 빛에 두엄이 허옇게 쇤 위로 난초 치던 붓끝 같은 마늘 싹이 솟고, 보리밭머리에 장끼가 내리기 시작하여 이듬해 구렁찰 논배미에서 뜸— 뜸— 뜸부기 짝 찾는 소리로 개구리 논두렁 넘기 바쁘던 여름까지는 도깨비들이 감뭇하기도* 했었다.

그러나 아직 학령기에도 이르지 않았던 나는 정말 알지 못했다. 차지던 바람이 메져지고 개펄에 성에 엉기듯 허옇게 소금기가 끼는 철이 되면, 음습한 바람이 맴돌아야 난동하던 인화(燐火)가 전혀 일지 않던 것을.

어른들이 눈을 꿈적이며 먹탕곳 개펄께를 그만 보라고 타이른 밤이면 담 밑에 반딧불만 자주 날아도, 촛불 붙이려 혼자 사당(祠堂) 문을 열 때처럼 뒷덜미가 선뜩하고 떨떠름하여 담 밑에도 가지 못할 만큼이나 그 도깨비불은 여간 두려운 존재가 아니었다. 그러므로 그런 날은 아무리 무더워도 모기가 떠메어 간다는 핑계로 마실 마당에서 일찍 물러나곤 하였다.

(중략)

복산이가 자리를 만들 동안 나는 변소를 찾아 나섰다. 농가라면 흔히 그렇듯 그곳은 저만치 밭마당 구석에 따로 나와 있었다. 나는 마당을 가로질러 가면서 무심결에 개펄 쪽을 둘러보다가 소스라쳐 놀라며 그 자리에 굳어 버리고 말았다.

아— 나는 참으로 오랜만에 가슴이 벅차오르는 것을 느꼈다. 도깨비불—— 그렇다. 왕대뫼 밑 먹탕곳 개펄에 푸른빛을 내뿜는 도깨비불이 즐비하게 늘어서 있던 것이다.

하나 둘 서이 너이…… 나는 어느새 도깨비불들을 손가락으로 헤아려 나가고 있었다. 변치 않은 것이 한 가지 더 있다는 반가움, 반가움과 즐거움에 들떠 그것들을 차곡 차곡 빠뜨리지 않고 세어 나갔다.

"마흔다섯……."

하고 중얼거리며 나는 손가락을 떨었다. 내일 새벽엔 안개도 볼 수 있으리라고 믿어, 가슴의 설렘에 손가락마저 떨린 거였다. 모를 일이었다. 옛날로 돌아가 혹시 길 잃은 여우가 울부짖게 되는지도.

"게서 뭣 허나?"

복산이가 같은 용무로 나오면서 허텅지거리를 했다.

"아, 도깨비불…… 생전 못 볼 줄 알았다가 보니 좋은데. 멋있는걸."

나는 건너편을 손가락질하면서 들뜬 소리로 말했다.

"무엇이?"

"저 도깨비불……."

"무엇 불?"

"옛날에 보던 도깨비불, 그거 아녀?"

"무슨 불? 허어 참, 그러게 장가를 가라구."

"……."

"도깨비불 좋아허네…… 저게? 술고래라서 안주두 고루 먹어 헛소리는 안 헐 중 알았더니……."

"그럼 모르겠는데……."

"뭘 몰러? 저건 서울서 온 낚시꾼들의 간드레 불이여. 명색 문화인이라면서 밤낚시 한 번두 못 해 봤구먼."

"게서 뭣 허나?"

복산이가 같은 용무로 나오면서 허텅지거리를 했다.

"아, 도깨비불…… 생전 못 볼 줄 알았다가 보니 좋은데. 멋있는걸."

나는 건너편을 손가락질하면서 들뜬 소리로 말했다.

"무엇이?"

"저 도깨비불……."

"무엇 불?"

"옛날에 보던 도깨비불, 그거 아녀?"

"무슨 불? 허어 참, 그러게 장가를 가라구."

"……."

"도깨비불 좋아허네…… 저게? 술고래라서 안주두 고루 먹어 헛소리는 안 헐 중 알았더니……."

"그럼 모르겠는데……."

"뭘 몰러? 저건 서울서 온 낚시꾼들의 간드레 불이여. 명색 문화인이라면서 밤 낚시 한 번두 못 해 봤구먼."

"이리 죽 늘어앉은 디는 물길이구, 저쪽 저리 둘러앉은 디가 유수지여. 갯물이 들어오면 수문을 막았다가 쓸물 때 열어 물을 빼는디 민물고기 갯물 고기가 섞이구 해서 씨알두 게가 굵구, 물길에서는 잔챙이래두 붕어만 문다네. 남포, 청라 담에는 여기를 친다는 겨."

그제서야 나는 늘어앉은 불빛들이 제자리에 죽어 있음을 비로소 깨달았다. 무등 타기와 숨바꼭질을 하던 살아 있는 불이 아니란 것만 진작 알았어도 마흔다섯까지 수효를 헤아리지는 않았을 터였다. 나는 무슨 재산붙이를 어둠 속에 잃고찾지 못한 투로 무거워진 가슴을 안고 복산이 따라 방으로 들어갔다.

- 이문구, 「관촌수필」-

* 톺던 : 끝을 가늘고 부드럽게 하려고 톱으로 훑던.
* 콩노굿 : 콩의 꽃.
* 자마구 : 곡식의 꽃가루.
* 된내기 : 된서리.
* 감뭇하기도 : 보이던 것이 전연 보이지 않아 찾을 곳이 감감하기도.

43. 윗글에 대한 설명으로 가장 적절한 것은?

① 반복되는 사건을 제시하여 인물들의 갈등을 심화하고 있다.
② 빈번하게 장면을 교차하여 상황의 긴박한 분위기를 조성하고 있다.
③ 과거와 현재를 매개하는 경험을 제시하여 인물이 겪는 인식의 변화를 드러내고 있다.
④ 공간의 이동에 따라 서술자를 달리하여 사건에 대한 다양한 관점을 제시하고 있다.
⑤ 시간의 역전을 통해 인과 관계를 재구성한 서사를 함께 제시하여 사건의 내막을 감추고 있다.

[실전 문항 4]

* 다음 글을 읽고 물음에 답하시오.[2019학년도 6월]

(가)

산과 산이 마주 향하고 믿음이 없는 얼굴과 얼굴이 마주 향한 항시 어두움 속에서 꼭 한 번은 천동 같은 화산이 일어날 것을 알면서 요런 자세로 꽃이 되어야 쓰는가.

저어 서로 응시하는 쌀쌀한 풍경. 아름다운 풍토는 이미 고구려 같은 정신도 신라 같은 이야기도 없는가. 별들이 차지한 하늘은 끝끝내 하나인데 …… 우리 무엇에 불안한 얼굴의 의미는 여기에 있었던가.

모든 유혈(流血)은 꿈같이 가고 지금도 나무 하나 안심하고 서 있지 못할 광장. 아직도 정맥은 끊어진 채 휴식인가 야위어 가는 이야기뿐인가.

언제 한 번은 불고야 말 독사의 혀같이 징그러운 바람이여. 너도 이미 아는 모진 겨우살이를 또 한 번 겪으라는가 아무런 죄도 없이 피어난 꽃은 시방의 자리에서 얼마를 더 살아야 하는가 아름다운 길은 이뿐인가.

산과 산이 마주 향하고 믿음이 없는 얼굴과 얼굴이 마주 향한 항시 어두움 속에서 꼭 한 번은 천동 같은 화산이 일어날 것을 알면서 요런 자세로 꽃이 되어야 쓰는가.

- 박봉우, 「휴전선」-

(나)

득음은 못하고, 그저 시골장이나 떠돌던
소리꾼이 있었다, 신명 한 가락에
막걸리 한 사발이면 그만이던 흰 두루마기의 그 사내
꿈속에서도 폭포 물줄기로 내리치는
한 대목 절창을 찾아 떠돌더니
오늘은, 왁새* 울음 되어 우항산 솔밭을 다 적시고
우포늪 둔치, 그 눈부신 봄빛 위에 자운영 꽃불 질러 놓는다
살아서는 근본마저 알 길 없던 혈혈단신

텁텁한 얼굴에 달빛 같은 슬픔이 엉켜 수염을 흔들곤 했다
늙은 고수라도 만나면
어깨 들썩 산 하나를 흔들었다
필생 동안 그가 찾아 헤맸던 소리가
적막한 늪 뒷산 솔바람 맑은 가락 속에 있었던가
소목 장재 토평마을 양파들이 시퍼런 물살 몰아칠 때
일제히 깃을 치며 동편제* 넘어가는
저 왁새들
완창 한 판 잘 끝냈다고 하늘 선회하는
그 소리꾼 영혼의 심연이
우포늪 꽃잔치를 자지러지도록 무르익는다

- 배한봉, 「우포늪 왁새」-

* 왁새 : 왜가리의 별명.
* 동편제 : 판소리의 한 유파.

(다)
그 바위를 가리켜 어느 건방진 옛사람이 오심암(吾心岩)이라고 이름을 지어 주었다 한다. 그보다도 조금 겸손한 누구는 세심암(洗心岩)이라고 불렀다 한다.

기운차게 일어선 산발이 이곳에 이르러 오심암의 절경을 남기기 위하여 한 둥근 골짜기를 이루어 놓고 다시 다물어졌다.

짙은 단풍 빛에 붉게 누렇게 물든 검은 절경의 성장(盛裝), 그것을 선을 두른 동해보다도 더 푸른 하늘빛, 천사가 흘리고 간 헝겊인 듯 봉우리 위에 가볍게 비낀 백옥보다도 흰 엷은 구름 조각.

이것은 분명히 자연이 흘려 놓은 예술의 극치다. 그러나 겸손한 자연은 그의 귀한 예술이 홍진(紅塵)에 물들 것을 염려하여 그것을 이 깊은 산골짜기에 감추었던 것인가 보다.

어귀까지 '버스'를 불러오고 이곳까지 2등 도로를 끌어 오는 것은 본래부터 그의 뜻은 아니었을 게다. 오직 사람만이 장하지도 아니한 그들의 예술을 천하에 뽐낼 기회만 엿보나 보다.

둘러보건대 이 골짜기에는 일찍이 먼지를 품은 미친 바람과 같은 것은 지나가 본 일이 아주 없었나 보아서 아득히 쳐다보이는 높은 하늘 아래 티끌을 품은 듯한 아무것도 없다. 잠깐 내 자신을 굽어보니 허옇게 먼지 낀 의복, 그 밑에 숨은 먼지 낀 내 몸뚱어

리, 그리고 또 그 속에 엎드린 먼지 낀 내 마음, 나는 그 틋기 모르는 순결한 자연 속에 쓰레기처럼 동떨어진 내 몸의 더러움을 새삼스럽게 부끄러워하였다.

(중략)

차디찬 바위 위에 신발을 벗고 모자를 던지고 외투를 벗어 팽개치고 반듯이 누워서 눈을 감으니 인생도 예술도 다 어디로 사라지고 오직 끝없는 망각이 내 마음을 아니 우주를 채우며 온다. 그러나 몸을 식히며 스며드는 찬기는 어느새 거리에서 멀리 떨어진 우리들의 위치를 깨닫게 한다. 우리는 채 씻기지 않은 마음을 거두어 가지고 잠시나마 정을 들인 오심암을 두 번 세 번 돌아다보면서 간 길을 다시 내려오기 시작하였다. 좋은 벗 떠나기란 싫은 것처럼, 좋은 자연에도 석별의 정은 마찬가진가 보다. 또한 좋은 음식을 만났을 때 벗을 생각하는 것이

자연스러운 것처럼 떠나고 싶지 않은 자연을 앞에 두고는 멀리 있는 벗들이 갑자기 그리웁다. 나는 마음속으로 어느새 오심암에게 무언(無言)의 약속을 주어 버렸다.

'내년에는 벗을 데리고 또 찾아오마'고.

- 김기림, 「주을온천행」-

27. (가)~(다)의 공통점으로 가장 적절한 것은?

① 인간의 삶과 공간의 의미를 연결 지어 주제 의식을 구체화하고 있다.

② 갈등과 대립이 없는 화합의 세계를 보여 줌으로써 희망적인 미래를 예견하고 있다.

③ 역사적 상황을 직시함으로써 부정적 현실을 극복하려는 참여 의식을 표방하고 있다.

④ 자연이 인간에게 미친 긍정적인 영향을 강조함으로써 사물에 대한 예찬적 태도를 드러내고 있다.

⑤ 특정한 장소에 대한 직접적인 경험을 바탕으로 인간의 교만한 태도에 대한 비판을 이끌어 내고 있다.

28. (가), (나)에 대한 설명으로 적절하지 <u>않은</u> 것은?

① (가)는 설의적 표현으로 현실에 대한 화자의 안타까움을 드러내고 있다.

② (나)는 청각의 시각화를 통해 소재의 생동감을 부각하고 있다.

③ (가)는 시간의 흐름에 따라, (나)는 시선의 이동에 따라 시상을 전개하고 있다.

④ (가)는 동일한 시구를 반복하여, (나)는 인물에 대한 이야기를 활용하여 주제 의식을 강조하고 있다.

⑤ (가)와 (나)는 모두 화자의 인식을 자연물에 투영하여 시적 정서를 환기하고 있다.

제1법칙 : 정답 해설

[실전 문항 1]

* 다음 글을 읽고 물음에 답하시오.[2017학년도 11월]

26. (다)의 서술상의 특징에 대한 설명으로 가장 적절한 것은? ①

① 인물의 연속적인 행위를 제시하여 인물이 처한 긴박한 상황을 드러내고 있다.
② 대화를 통해 과거로 돌아가려 하는 인물들의 심리를 보여 주고 있다.
③ 인물의 경험을 관념적으로 서술하며 사건의 원인을 분석하고 있다.
④ 시간적 배경을 묘사하여 인물의 성격 변화를 암시하고 있다.
⑤ 인물의 회상을 통해 인물 간 갈등의 원인을 제시하고 있다.

[적용]

① 인물의 연속적인 행위를 제시하여 / 인물이 처한 긴박한 상황을 드러내고 있다.
　　지문요소 : 다시 물었으나 그들은 뛰어간다. 윤씨와 김씨 댁 아주머니도 이제 더 이상 묻지
　　　　　　　 않고 그들을 따라 뛰어간다.···사람들은 갈가마귀떼처럼 몰려들어 가마니를
　　　　　　　 열었다. 그리고 악을 쓰면서 자루에다 쌀과 수수를 집어넣는다.···김씨 댁
　　　　　　　 아주머니와 윤씨도 허겁지겁 달려들어 쌀을 퍼낸다. 그리고 떨리는 손으로 자루
　　　　　　　 끝을 여민 뒤 머리에 이고 일어섰다.

② 대화를 통해 / 과거로 돌아가려 하는 인물들의 심리를 보여 주고 있다.
　　지문요소 : "피란 안 갔다고 야단맞지 않을까요?"
　　　　　　　 "쌀 배급을 주는데 야단을 치려구요? 세상에 불쌍한 백성을 더 이상 어쩌겠
　　　　　　　 어요?"

③ 인물의 경험을 관념적으로 서술하며 / 사건의 원인을 분석하고 있다.
　　지문요소 : X

④ 시간적 배경을 묘사하여 / 인물의 성격 변화를 암시하고 있다.
　　지문요소 : X

⑤ 인물의 회상을 통해 / 인물 간 갈등의 원인을 제시하고 있다.
　　지문요소 : X

앞에서도 설명했지만, 항상 선택지는 두 개 중 하나를 최종적으로 선택해야 한다는 고민에 빠진다. 위의 문제는 1/2나누기로 ①번과 ②번에서 평가요소 즉, '서술상 특징'으로만 정답을 찾을 수 없다. 그래서 선택지를 1/2에서 1/3로 확대 적용해야 한다.

[확대 적용]

① 인물의 연속적인 행위를 제시하여 / 인물이 처한 긴박한 상황을 드러내고 있다.

   지문요소 : 다시 물었으나 그들은 뛰어간다. 윤씨와 김씨 댁 아주머니도 이제 더 이상 묻지 않고 그들을 따라 뛰어간다.···사람들은 갈가마귀떼처럼 몰려들어 가마니를 열었다. 그리고 악을 쓰면서 자루에다 쌀과 수수를 집어넣는다.··· 김씨 댁 아주머니와 윤씨도 허겁지겁 달려들어 쌀을 퍼낸다. 그리고 떨리는 손으로 자루 끝을 여민 뒤 머리에 이고 일어섰다.

   정답 판단 : 인물들의 행위를 통해서 중공군과 인민군이 두고 간 '쌀'을 훔치는 인물들의 긴박한 상황을 파악할 수 있다. 즉 앞 부분은 삭제하고, 선택지의 뒷 부분으로 정답을 선택해야 한다.

② 대화를 통해 / 과거로 돌아가려 하는 / 인물들의 심리를 보여 주고 있다.

   지문요소 : "피란 안 갔다고 야단맞지 않을까요?"

          "쌀 배급을 주는데 야단을 치려구요? 세상에 불쌍한 백성을 더 이상 어쩌겠어요?"

   정답 판단 : 대화가 나타나지만, 인물들이 '과거로 돌아'가려는 심리는 보이지 않는다. 그래서 1/3 나누기를 적용하면 정답이 보인다.

[실전 문항 2]

* 다음 글을 읽고 물음에 답하시오.[2017학년도 9월]

23. [A]의 서술 방식으로 가장 적절한 것은? ④

① 시간의 흐름을 단계적으로 보여 줌으로써, 갈등이 해소되는 과정을 부각하고 있다.

② 인물 간의 대화에 서술자가 개입함으로써, 인물에 대한 서술자의 평가를 제시하고 있다.

③ 새로운 인물이 다른 인물의 발화를 통해 등장함으로써, 인물간의 대립 구도가 전환되고 있다.

④ 서술자가 인물의 분노를 직접적으로 제시함으로써, 상황에 대한 인물의 태도를 드러내고 있다.

⑤ 인물들의 심리 상태를 공간적 거리와 결부하여 서술함으로써, 인물 간의 심리적 거리감을 보여 주고 있다.

[적용]

① 시간의 흐름을 단계적으로 보여 줌으로써, / ~~갈등이 해소되는 과정을 부각하고 있다.~~

   지문요소 : X

   정답 판단 : 지문 전체에서는 '송 영감이 정신이 들었을 때는 저녁때가 기울어서였다.' 혹은 '다음날 아침에는 송 영감이 죽인지 밥인지 모를 것을 끓였다' 와 같이 시간의 흐름이 나타나지만, [A]에서는 확인할 수 없다.

② 인물 간의 대화에 서술자가 개입함으로써, / ~~인물에 대한 서술자의 평가를 제시하고 있다.~~

   지문요소 : X

③ 새로운 인물이 다른 인물의 발화를 통해 등장함으로써, / ~~인물간의 대립 구도가 전환되고 있다.~~

   지문요소 : X

④ 서술자가 인물의 분노를 직접적으로 제시함으로써, / ~~상황에 대한 인물의 태도를 드러내고 있다.~~

   지문요소 : 송 영감은 확 분노가 치밀어, 누가 거랑질해 오라더냐고 밥그릇을 밀쳐 놓자 애가 훌쩍훌쩍 울기 시작했다.

   정답 판단 : '송 영감은 확 분노가 치밀어'에서 서술자가 '송 영감'의 분노를 직접적으로 제시하고 있음을 확인할 수 있다.

⑤ 인물들의 심리 상태를 공간적 거리와 결부하여 서술함으로써, / ~~인물 간의 심리적 거리감을 보여주고 있다.~~

   지문요소 : X

[실전 문항 3]

* 다음 글을 읽고 물음에 답하시오.[2018학년도 11월]

43. 윗글에 대한 설명으로 가장 적절한 것은? ③

① 반복되는 사건을 제시하여 인물들의 갈등을 심화하고 있다.

② 빈번하게 장면을 교차하여 상황의 긴박한 분위기를 조성하고 있다.

③ 과거와 현재를 매개하는 경험을 제시하여 인물이 겪는 인식의 변화를 드러내고 있다.

④ 공간의 이동에 따라 서술자를 달리하여 사건에 대한 다양한 관점을 제시하고 있다.

⑤ 시간의 역전을 통해 인과 관계를 재구성한 서사를 함께 제시하여 사건의 내막을 감추고 있다.

[적용]

① 반복되는 사건을 제시하여 / ~~인물들의 갈등을 심화하고 있다.~~

　　지문요소 : X

② 빈번하게 장면을 교차하여 / ~~상황의 긴박한 분위기를 조성하고 있다.~~

　　지문요소 : X

③ 과거와 현재를 매개하는 경험을 제시하여 / ~~인물이 겪는 인식의 변화를 드러내고 있다.~~

　　정답 판단 : 과거 조무래기들과 나이 좀 있는 사람이 '도깨불'에 대한 경험과 현재 낚시꾼들의 '간드레 불'을 매개로 한 경험을 서술하고 있다.

④ 공간의 이동에 따라 서술자를 달리하여 / ~~사건에 대한 다양한 관점을 제시하고 있다.~~

　　지문요소 : X

⑤ 시간의 역전을 통해 인과 관계를 재구성한 서사를 함께 제시하여 / ~~사건의 내막을 감추고 있다.~~

　　지문요소 : X

[실전 문항 4]

* 다음 글을 읽고 물음에 답하시오.[2019학년도 6월]

27. (가)~(다)의 공통점으로 가장 적절한 것은? ①

① 인간의 삶과 공간의 의미를 연결지어 주제 의식을 구체화하고 있다.
② 갈등과 대립이 없는 화합의 세계를 보여 줌으로써 희망적인 미래를 예견하고 있다.
③ 역사적 상황을 직시함으로써 / 부정적 현실을 극복하려는 참여 의식을 표방하고 있다.
④ 자연이 인간에게 미친 긍정적인 영향을 강조함으로써 사물에 대한 예찬적 태도를 드러내고 있다.
⑤ 특정한 장소에 대한 직접적인 경험을 바탕으로 인간의 교만한 태도에 대한 비판을 이끌어 내고 있다.

[적용]

① 인간의 삶과 공간의 의미를 연결지어 / 주제 의식을 구체화하고 있다.
　　지문요소 : (가)의 '아름다운 풍토~ 우리 무엇에 불안한 얼굴의 의미는 여기에 있었던가.'
　　　　　　　(나)의 '득음은 못하고, 그저 시골장이나 떠돌던 / 소리꾼이 있었다'와
　　　　　　　'그 소리꾼 영혼의 심연이 / 우포늪 꽃잔치를 자지러지도록 무르익힌다.'
　　　　　　　(다)에서는 '나는 마음속으로 어느새 오심암에게 무언(無言)의 약속을 주어 버렸다.'
　　정답 판단 : (가)에서는 아름다운 풍토(공간)에서 불안한 얼굴(삶), (나)에서는 우포늪(공간)에서 득음하려는 소리꾼 영혼의 심연(삶), (다)에서는 오심암(공간)에서 무언(삶)을 구체화하고 있다.

② 갈등과 대립이 없는 화합의 세계를 보여 줌으로써 / ~~희망적인 미래를 예견하고 있다.~~
　　지문요소 : X

③ 역사적 상황을 직시함으로써 / ~~부정적 현실을 극복하려는 참여 의식을 표방하고 있다.~~
　　지문요소 : X

④ 자연이 인간에게 미친 긍정적인 영향을 강조함으로써 / ~~사물에 대한 예찬적 태도를 드러내고 있다.~~
　　지문요소 : X

⑤ 특정한 장소에 대한 직접적인 경험을 바탕으로 / ~~인간의 교만한 태도에 대한 비판을 이끌어 내고 있다.~~
　　지문요소 : X

28. (가), (나)에 대한 설명으로 적절하지 <u>않은</u> 것은? ③

① (가)는 설의적 표현으로 현실에 대한 화자의 안타까움을 드러내고 있다.

② (나)는 청각의 시각화를 통해 소재의 생동감을 부각하고 있다.

③ (가)는 시간의 흐름에 따라, (나)는 시선의 이동에 따라 시상을 전개하고 있다.

④ (가)는 동일한 시구를 반복하여, (나)는 인물에 대한 이야기를 활용하여 주제 의식을 강조하고 있다.

⑤ (가)와 (나)는 모두 화자의 인식을 자연물에 투영하여 시적 정서를 환기하고 있다.

[적용]

① (가)는 설의적 표현으로 / ~~현실에 대한 화자의 안타까움을 드러내고 있다.~~

　지문요소 : (가)에서 '~요런 자세로 꽃이 되어야 하는가'와 (나)의 '적막한 늪 뒷산 솔
　　　　　　 바람 맑은 가락 속에 있었던가'

② (나)는 청각의 시각화를 통해 / ~~소재의 생동감을 부각하고 있다.~~

　지문요소 : '~달빛 같은 슬픔~'과 '~시퍼런 물살~'

③ (가)는 시간의 흐름에 따라, (나)는 시선의 이동에 따라 / ~~시상을 전개하고 있다.~~

　지문요소 : X

④ (가)는 동일한 시구를 반복하여, (나)는 인물에 대한 이야기를 활용하여 / ~~주제 의식을
　강조하고 있다.~~

　지문요소 : (가)에서 '~요런자세로 꽃이 되어야 하는가'의 동일한 시구 반복과 (나)의
　　　　　　 소리꾼에 대한 이야기를 활용하여 시상 전개함.

⑤ (가)와 (나)는 모두 화자의 인식을 자연물에 투영하여 / ~~시적 정서를 환기하고 있다.~~

　지문요소 : (가)에서는 '아무런 죄도 없이 피어난 꽃은 시방의 자리에서 얼마를 더 살
　　　　　　 아야 하는가.'와 (나)의 '왁새 울음되어 우항산 솔밭을 다 적시고'

2-2. 지문인용 있는 선택지

'작은 따옴표'로 표시된 선택지는 지문이 직접 인용된 선택지[지문 직접인용]이다. 이때 '작은 따옴표' 대신에 기호[㉠~㉤ 혹은 ⓐ~ⓔ]로 지문을 대신하는 경우도 있다. 즉 '작은 따옴표' 혹은 기호[㉠~㉤ 혹은 ⓐ~ⓔ]는 **지문직접인용** 문항으로 보고, 3step을 적용해서 정답을 판단한다. 그리고 **지문간접인용** 문항도['따옴표'나 특정 기호의 직접 인용이 아닌, 지문 내용을 정리한 정도] 역시 3step을 적용해서 정답을 판단한다.

지문인용이 없는 경우는 평가요소를 지문과 일치 여부로 결정한다. 지문인용이 있는 경우는 인용지문을 삭제하고, 정답을 판단하는 평가요소[정답을 판단하는 중요한 부분을 '깃발']를 중심으로 정답을 판단한다. 정답을 판단할 때, 인용 지문이 아니라 평가요소라는 점을 명심해야 한다.

제2법칙 : 지문인용(직접) 있는 선택지

제2법칙 지문인용(직접) 있는 선택지에서 정답을 확정하려면 제1법칙과 같은 순서로 정답 찾기를 하면 된다. 다만 지문인용(직접)의 경우는 선택지에서 지문을 직접 삭제하는 것(지문삭제 - 깃발 법칙)이 제1법칙과는 다르다.

1. 정답 찾기 핵심 3sep 예시 문항

[예시 문항]

* 다음 글을 읽고 물음에 답하시오.[2017학년도 11월]

(나)

함이정 : 처녀 때 난 생각했었지. 영리하고 듬직한 아들 하나 있으면 얼마나 좋을까…… 기쁜 일 슬픈 일 뭐든지 의논할 수 있는 내 아들…… 그러다가 너를 느꼈고…… 네 느낌과 이야기하길 즐겼다. 사람들은 나 혼자 중얼중얼거린다고 괴상하게 보더라. 사실은 너와 나, 둘이서 함께 말하고 있었는데…….

조숭인 : 처음부터 다시 이야기해 주세요, 어머니.

함이정 : 처음부터……?

조숭인 : 네. 제가 태어나기 전, 어머니의 처녀 시절부터요. 그때 두 분 아버지의 관계는 어땠죠?

함이정 : 그땐 좋았다. 두 분 다 우리 집에서 가족처럼 살면서, 우리 아버님한테 불상 제작을 배우는 제자였지. 그런데 어느 날, 스승인 아버님이 불상 제작장에 가 보니까 두 제자들이 자릴 비우고 없었어. 몹시 화가 난 아버님은 집 안으로 들어와 제자들의 이름을 부르셨지. "동연아! 서연아!"아버님 목소리가 어찌나 쩌렁쩌렁 울렸는지, 천 리 밖까지 들릴 것 같더라.

(조명, 밝게 변화한다. 한가운데 펼쳐 있던 천막이 접혀지면서 무대 천장 위로 올라간다. 함묘진의 집. 함묘진이 성난 모습으로 등장한다. 함이정과 조숭인은 서연의 관, 촛대, 향로 등을 무대 밖으로 갖고 나간다.)

함묘진 : 동연아! 서연아! 어디 있느냐?

함이정 : (무대 밖에서) 여긴 없어요, 아버지.

함묘진 : 여기 집 안에도 없다……?

함이정 : (무대 밖에서) 내가 나가서 찾아올까요?

함묘진 : 넌 가만 있거라. (다시 외쳐 부른다.) 동연아! 서연아!

(상복을 벗고 밝은 색 옷을 입은 함이정과 조숭인, 무대 안으로 나온다.)

조숭인 : 할아버지 목청은 왜 저렇게 커요?

함이정 : 귀머거리도 들을 정도야. 그치?

함묘진 : 동연아! 서연아!

(동연과 서연, 등장한다. 그들은 당황한 모습으로 함묘진 앞에 선다.)

동연, 서연 : 부르셨습니까?

함묘진 : 작업장엔 너희들이 없더구나!

동연 : 죄송합니다. 잠깐 밖에 나가 있었습니다.

함묘진 : 밖에는 왜?

동연 : 말다툼 때문에…… 서로 의견이 달라서요.

함묘진 : 말다툼?

동연 : 네.

함묘진 : 서연아, 네가 다툰 이유를 말해 봐라.

서연 : 송구스럽습니다…….

함묘진 : 너흰 생각도 행동도 똑같았다. 그런 너희들이 말다툼을 하다니, 도대체 다르다면 뭐가 달랐더냐?

서연 : 동연은 부처의 모습을 만들면, 그 모습 속에 부처의 마음도 있다고 했습니다.

함묘진 : 그런데, 너는?

서연 : 그런데 저는…… 부처의 모습을 만들어도, 부처의 마음이 그 안에 없다면 무슨 소용이 있겠는가 했습니다.

동연 : 사부님, 서연을 꾸짖어 주십시오. 서연은 쓸데없는 주장으로 저를 괴롭힙니다.

(중략)

(서연과 함이정, 일어선다. 돌부처를 만들면서 길을 따라간다. 물 흐르는 소리가 점점 가깝게 들려온다. 조명, 개울물의 흐름을 나타낸다.)

함이정 : 개울물이에요, 서연 오빠. 여기서 길은 끊겼어요.

서연 : (개울가로 다가가서 두 손으로 물을 떠서 마시며) 너도 마시렴. 목마를 텐데…….

함이정 : (서연 곁으로 가서 개울물을 바라본다.) 물 위에 비쳐 보여요, 우리 얼굴이…… 얼굴 뒤엔 구름이…… 구름

뒤엔 하늘이……. (물을 떠서 마신다.) 물이 맑고 시원해요.

(서연, 장난스럽게 개울물을 마치 눈덩이처럼 뭉치는 동작을 한다.)

함이정 : 오빠…… 뭘 하는 거죠?

서연 : 물부처를 만든다.

함이정 : 물부처요?

서연 : 돌로도 부처님을 만드는데, 물이라고 안 될 건 없지.

(서연, 흐르는 물 속으로 들어가 물로 만든 부처를 세워 놓는다. 부처의 느낌은 남고 형태는 사라진다.)

함이정 : 오빠, 이쪽으로 나와요.

서연 : (개울물을 건너가며) 난 이제 저쪽으로 간다.

함이정 : 서연 오빠…….

서연 : 넌 나중에 건너와.

함이정 : (손을 흔든다.) 그래요, 오빠…… 먼저 가요. 나는 나중에…….

(서연과 함이정, 잠시 개울물 양쪽에서 서로를 바라본다. 조숭인이 피아노 앞에 앉아 건반을 두드리며 작곡 중이다. 개울물 건너쪽, 눈부시도록 밝아진다. 때를 놓치지 않으려는 듯 함묘진이 다급하게 휠체어 바퀴를 굴리면서 들어온다. 그는 피아노 옆을 지나 개울물을 건너간다. / 코러스(돌부처)들, 개울물을 건너가는 서연을 배웅하듯이, 따라가듯이, 마중하듯이, 서연과 함께 어우러져 춤을 추며 간다. 개울 저쪽, 눈부시도록 빛이 밝다. 함묘진이 다급하게 휠체어 바퀴를 굴리며 들어온다.)

조숭인 : 할아버지, 어딜 그렇게 급히 가세요?

함묘진 : 극락문이 열렸다! 극락문이 열렸어!

(함묘진, 휠체어에서 일어난다. 그는 서연의 뒤를 따라 빛 안으로 들어 간다. 무대 조명, 변화한다. 동연, 등장한다. 그는 조숭인에게 다가와서 전보 용지를 내놓는다.)

- 이강백, 「느낌, 극락같은」-

32. (나)의 등장인물에 대한 이해로 적절하지 <u>않은</u> 것은? ③

① "그런데 어느 날, 스승인 아버님이~두 제자들이 자릴 비우고 없었어."라는 대사에서 함이정은 극중의 사건을 현재에서 과거로 전환시키는 기능을 한다.

② "동연아! 서연아! 어디 있느냐?"라는 대사에서 함묘진은 '어머니의 처녀 시절' 이야기 속의 인물들을 무대로 등장하게 하는 기능을 한다.

③ "할아버지 목청은 왜 저렇게 커요?"라는 대사에서 조숭인은 등장인물의 행동을 평하면서 다른 인물들 간의 갈등을 유발하는 기능을 한다.

④ "서연은 쓸데없는 주장으로 저를 괴롭힙니다."라는 대사에서 알 수 있듯 동연은 '어머니의 처녀시절' 이야기 속 갈등의 한 축으로서 기능한다.

⑤ "돌로도 부처님을~안 될 건 없지."라는 대사에서 알 수 있듯 서연은 작품의 주제 의식을 전달하는 인물 중 하나로 기능한다.

step1 인용지문 부분[혹은 기호]과 평가요소를 중심으로 나누고

<u>선택지 중 지문인용 부분</u> / <u>선택지 중 평가요소</u>　　　　　　　---- 나누고

① "그런데 어느 날, 스승인 아버님이~두 제자들이 자릴 비우고 없었어."라는 대사에서 / 함이정은 극중의 사건을 현재에서 과거로 전환시키는 기능을 한다.

step2 인용 지문 부분을 삭제하고

~~<u>선택지 중 지문인용 부분</u>[혹은 기호]~~ / <u>선택지 중 평가요소</u>　　　---- 삭제하고

① ~~"그런데 어느 날, 스승인 아버님이~두 제자들이 자릴 비우고 없었어."라는 대사에서~~ / 함이정은 극중의 사건을 현재에서 과거로 전환시키는 기능을 한다.

지문인용 부분보다는 평가요소인 '이해'에 무게 중심을 두기 때문에 이를 정답 찾기의 판단 기준으로 보아야 한다.

step3 인용 지문 부분[혹은 기호]과 평가요소를 연결해서 판단하자.

① <u>"그런데 어느 날, 스승인 아버님이~두 제자들이 자릴 비우고 없었어."</u>[정답 판단을 위한 인용 지문의 기능]라는 대사에서 / <u>함이정은 극중의 사건을 현재에서 과거로 전환시키는 기능</u>[정답을 판단하는 평가요소]을 한다.

<u>지문요소</u> = <u>선택지 중 평가요소</u>
└──[정답 확인]──┘　　　　　　　---- 연결성(일치여부 확인) / 묶자!

삭제의 원칙은 정답지를 판단할 때, 완전히 배제하라는 의미는 '절대' 아니다. 인용 지문은 정답 판단을 위한 인용 지문의 기능이 있다. 즉 인용 지문(전제)에 대한 평가요소가 적절하게 진술(결과)되었는지를 판단(타당한 연결)하는 근거가 된다.

	step1. 선지 나누기(평가요소 無)	step2. 삭제하기 (평가요소 有)
①	"그런데 어느 날, 스승인 아버님어~두 재자들어 자릴 비우고 없었어."라는 태서에서	함이정은 극중의 사건을 현재에서 과거로 전환시키는 기능을 한다.
step3. 묶기	지문을 읽고[지문요소], '함이정은 극중의 사건을 현재에서 과거로 전환시키는 기능.'[평가요소]이 나타나는지 확인[판단요소] => 정답 선택의 중심!	

* tip step3에서 정답을 결정하지 못한다면?

예시)

적용 단계	선택지①
1/2 나누기	"그런데 어느 날, 스승인 아버님어~두 재자들어 자릴 비우고 없었어."라는 태서에서 / 함이정은 극중의 사건을 현재에서 과거로 전환시키는 기능을 한다.
1/3 나누기	"그런데 어느 날, 스승인 아버님어~두 재자들어 자릴 비우고 없었어."라는 태서에서 / 함이정은 / 극중의 사건을 현재에서 과거로 전환시키는 기능을 한다.
1/n 나누기	"그런데 어느 날, 스승인 아버님어~두 재자들어 자릴 비우고 없었어."라는 태서에서 / 함이정은 / 극중의 사건을 / 현재에서 과거로 전환시키는 기능을 한다.

● 1/2 나누기 적용

선택지 ①에서 평가요소는 인물의 '대사'의 역할이다. 따라서 "그런데 어느 날, 스승인 아버님어~두 제자들어 자릴 비우고 없었어." 라는 부분은 평가요소가 없기 때문에 삭제하면 된다.

● 1/3 나누기 적용

만약 1/2 나누기를 적용하여도 답을 판단하기 어렵다면 다시 나누기를 적용해야 한다. 이때의 정답을 판단하는 경우의 수는 아래의 표처럼 늘어난다.

힘이정	극중 사건의 전환	적절성 여부
O	X	X (특정인물의 행위이나 극중 사건 전환이 없는 경우)
X	O	X (극중 사건 전환은 있지만 특정인물의 행위가 아닌 경우)
O	O	O (특정인물의 극중 사건 전환인 경우)

● 1/n 나누기 적용

위의 두 방법을 적용했음에도 답을 못 찾는다면, 더 나누어 답지를 판단해야 한다. 이때는 삭제하기를 한 부분을 더 나눠야 할 수도 있다. 만약에, 위의 방식으로 정답을 찾지 못한다면, 답을 찾을 때까지 [정답 찾기 step]을 반복하여 적용하면 된다. 답에 대한 확신이 들 때까지 계속 나누는 것이다. 선택지를 나누고 난 뒤, 심지어는 '조사'가 정답을 결정할 수도 있다.

2. 실전 문항

[실전 문항 1]

* 다음 글을 읽고 물음에 답하시오.[2017학년도 11월]

(나)

함이정 : 처녀 때 난 생각했었지. 영리하고 듬직한 아들 하나 있으면 얼마나 좋을
까…… 기쁜 일 슬픈 일 뭐든지 의논할 수 있는 내 아들…… 그러다가 너
를 느꼈고…… 네 느낌과 이야기하길 즐겼다. 사람들은 나 혼자 중얼중얼
거린다고 괴상하게 보더라. 사실은 너와 나, 둘이서 함께 말하고 있었는
데…….

조숭인 : 처음부터 다시 이야기해 주세요, 어머니.

함이정 : 처음부터……?

조숭인 : 네. 제가 태어나기 전, 어머니의 처녀 시절부터요. 그때 두 분 아버지의 관
계는 어땠죠?

함이정 : 그땐 좋았다. 두 분 다 우리 집에서 가족처럼 살면서, 우리 아버님한테 불
상 제작을 배우는 제자였지. 그런데 어느 날, 스승인 아버님이 불상 제작장
에 가 보니까 두 제자들이 자릴 비우고 없었어. 몹시 화가 난 아버님은 집
안으로 들어와 제자들의 이름을 부르셨지. "동연아! 서연아!" 아버님 목소
리가 어찌나 쩌렁쩌렁 울렸는지, 천 리 밖까지 들릴 것 같더라.

(조명, 밝게 변화한다. 한가운데 펼쳐 있던 천막이 접혀지면서 무대 천장 위로 올라간
다. 함묘진의 집. 함묘진이 성난 모습으로 등장한다. 함이정과 조숭인은 서연의 관, 촛
대, 향로 등을 무대 밖으로 갖고 나간다.)

함묘진 : 동연아! 서연아! 어디 있느냐?

함이정 : (무대 밖에서) 여긴 없어요, 아버지.

함묘진 : 여기 집 안에도 없다……?

함이정 : (무대 밖에서) 내가 나가서 찾아올까요?

함묘진 : 넌 가만 있거라. (다시 외쳐 부른다.) 동연아! 서연아!

(상복을 벗고 밝은 색 옷을 입은 함이정과 조숭인, 무대 안으로 나온다.)

조승인 : 할아버지 목청은 왜 저렇게 커요?

함이정 : 귀머거리도 들을 정도야. 그치?

함묘진 : 동연아! 서연아!

(동연과 서연, 등장한다. 그들은 당황한 모습으로 함묘진 앞에 선다.)

동연, 서연 : 부르셨습니까?

함묘진 : 작업장엔 너희들이 없더구나!

동연 : 죄송합니다. 잠깐 밖에 나가 있었습니다.

함묘진 : 밖에는 왜?

동연 : 말다툼 때문에…… 서로 의견이 달라서요.

함묘진 : 말다툼?

동연 : 네.

함묘진 : 서연아, 네가 다툰 이유를 말해 봐라.

서연 : 송구스럽습니다…….

함묘진 : 너흰 생각도 행동도 똑같았다. 그런 너희들이 말다툼을 하다니, 도대체 다르다면 뭐가 달랐더냐?

서연 : 동연은 부처의 모습을 만들면, 그 모습 속에 부처의 마음도 있다고 했습니다.

함묘진 : 그런데, 너는?

서연 : 그런데 저는…… 부처의 모습을 만들어도, 부처의 마음이 그 안에 없다면 무슨 소용이 있겠는가 했습니다.

동연 : 사부님, 서연을 꾸짖어 주십시오. 서연은 쓸데없는 주장으로 저를 괴롭힙니다.

(중략)

(서연과 함이정, 일어선다. 돌부처를 만들면서 길을 따라간다. 물 흐르는 소리가 점점 가깝게 들려온다. 조명, 개울물의 흐름을 나타낸다.)

함이정 : 개울물이에요, 서연 오빠. 여기서 길은 끊겼어요.

서연 : (개울가로 다가가서 두 손으로 물을 떠서 마시며) 너도 마시렴. 목마를 텐데…….

함이정 : (서연 곁으로 가서 개울물을 바라본다.) 물 위에 비쳐 보여요, 우리 얼굴이…… 얼굴 뒤엔 구름이…… 구름

뒤엔 하늘이……. (물을 떠서 마신다.) 물이 맑고 시원해요.

(서연, 장난스럽게 개울물을 마치 눈덩이처럼 뭉치는 동작을 한다.)

함이정 : 오빠…… 뭘 하는 거죠?
서연 : 물부처를 만든다.
함이정 : 물부처요?
서연 : 돌로도 부처님을 만드는데, 물이라고 안 될 건 없지.

(서연, 흐르는 물 속으로 들어가 물로 만든 부처를 세워 놓는다. 부처의 느낌은 남고 형태는 사라진다.)

함이정 : 오빠, 이쪽으로 나와요.
서연 : (개울물을 건너가며) 난 이제 저쪽으로 간다.
함이정 : 서연 오빠…….
서연 : 넌 나중에 건너와.
함이정 : (손을 흔든다.) 그래요, 오빠…… 먼저 가요. 나는 나중에…….

(서연과 함이정, 잠시 개울물 양쪽에서 서로를 바라본다. 조숭인이 피아노 앞에 앉아 건반을 두드리며 작곡 중이다. 개울물 건너쪽, 눈부시도록 밝아진다. 때를 놓치지 않으려는 듯 함묘진이 다급하게 휠체어 바퀴를 굴리면서 들어온다. 그는 피아노 옆을 지나 개울물을 건너간다. / 코러스(돌부처)들, 개울물을 건너가는 서연을 배웅하듯이, 따라가듯이, 마중하듯이, 서연과 함께 어우러져 춤을 추며 간다. 개울 저쪽, 눈부시도록 빛이 밝다. 함묘진이 다급하게 휠체어 바퀴를 굴리며 들어온다.)

조숭인 : 할아버지, 어딜 그렇게 급히 가세요?
함묘진 : 극락문이 열렸다! 극락문이 열렸어!

(함묘진, 휠체어에서 일어난다. 그는 서연의 뒤를 따라 빛 안으로 들어 간다. 무대 조명, 변화한다. 동연, 등장한다. 그는 조숭인에게 다가와서 전보 용지를 내놓는다.)

- 이강백, 「느낌, 극락같은」-

32. (나)의 등장인물에 대한 이해로 적절하지 <u>않은</u> 것은?

① "그런데 어느 날, 스승인 아버님이~두 제자들이 자릴 비우고 없었어."라는 대사에서 함이정은 극중의 사건을 현재에서 과거로 전환시키는 기능을 한다.

② "동연아! 서연아! 어디 있느냐?"라는 대사에서 함묘진은 '어머니의 처녀 시절' 이야기 속의 인물들을 무대로 등장하게 하는 기능을 한다.

③ "할아버지 목청은 왜 저렇게 커요?"라는 대사에서 조숭인은 등장인물의 행동을 평하면서 다른 인물들 간의 갈등을 유발하는 기능을 한다.

④ "서연은 쓸데없는 주장으로 저를 괴롭힙니다."라는 대사에서 알 수 있듯 동연은 '어머니의 처녀시절' 이야기 속 갈등의 한 축으로서 기능한다.

⑤ "돌로도 부처님을~안 될 건 없지."라는 대사에서 알 수 있듯 서연은 작품의 주제 의식을 전달하는 인물 중 하나로 기능한다.

[실전 문항 2]

* 다음 글을 읽고 물음에 답하시오.[2016학년도 11월 B형]

(가)
어둠은 새를 낳고, 돌을
낳고, 꽃을 낳는다.
아침이면,
어둠은 온갖 물상(物象)을 돌려주지만
스스로는 땅 위에 굴복한다.
무거운 어깨를 털고
물상들은 몸을 움직이어
노동의 시간을 즐기고 있다.
즐거운 지상의 잔치에
금(金)으로 타는 태양의 즐거운 울림.
아침이면,
세상은 개벽을 한다.

- 박남수, 「아침 이미지 1」-

44. (가)에 대한 이해로 가장 적절한 것은?

① '무거운 어깨를 털고'는 지상으로부터 벗어나기 위해 사물들이 몸부림치는 모습을 표현한 것이다.

② '노동의 시간을 즐기고'는 노동의 고단함을 잊기 위해 사물들이 경쾌하게 움직이는 모습을 표현한 것이다.

③ '즐거운 지상의 잔치'는 기존의 사물들이 새로 태어난 사물들을 반갑게 맞이하는 모습을 표현한 것이다.

④ '태양의 즐거운 울림'은 하늘의 태양이 지상에 있는 사물들과 서로 어울려 생기를 띠는 모습을 표현한 것이다.

⑤ '세상은 개벽을 한다'는 사물들이 새로운 형태로 변화하면서 혼란을 겪는 모습을 표현한 것이다.

[실전 문항 3]

* 다음 글을 읽고 물음에 답하시오.[2018학년도 11월]

조무래기들은 도깨비불만 보면 네 그르니 내 옳으니 하며 짜그락거리기 일쑤였고, 그러면 나이 좀 있는 사람이 얼른 쉬쉬하면서, 도깨비가 듣겠다고 나무라 주게 마련이었던 것이다. 도깨비가 들으면 무엇이 어떻고 불똥 끄듯 서두르며 말리려 들었을까. 그것은 아무도 가르쳐 주지 않았다. 알면서도 짐짓 모르는 시늉을 해 보이려 했지만, 그네들도 어려서부터 가르쳐 준 이가 없어 이렇다 하게 내놓지 못하는 눈치가 역연하던 것이다. 그것은 바지랑대에 등을 매달고 멍석에 둘러앉아 삼을 삼거나 태모시를 톺던* 늘그막의 아낙네들도 마찬가지로 가늠을 못 해, 도깨비불에 손가락질하면 도깨비가 쫓아온다는 것밖에 다른 말은 할 줄 모르고 있었다. 그네들은 낮춘말로, 도깨비들이 벌거벗고 산다더라고 귀띔해 주었으며, 그것은 그것들이 여름내 왕대뫼 자드락이나 갯가에 나와 불놀이를 하다가도, ㉠ 기러기 그림자에 논두렁콩노굿*이 지고 오려논에 자마구*가 일며부터는 아무도 모르게 간곳없이 사라지던 것을 보아 믿을 만한 말이라고 우길 따름이었다.

된내기* 빛에 두엄이 허옇게 쉰 위로 난초 치던 붓끝 같은 마늘 싹이 솟고, 보리밭 머리에 장끼가 내리기 시작하여 이듬해 구렁찰 논배미에서 뜸— 뜸— 뜸부기 짝 찾는 소리로 개구리 논두렁 넘기 바쁘던 여름까지는 도깨비들이 감뭇하기도* 했었다. 그러나 아직 학령기에도 이르지 않았던 나는 정말 알지 못했다. 차지던 바람이 메저지고 개펄에 성에 엉기듯 허옇게 소금기가 끼는 철이 되면, 음습한 바람이 맴돌아야 난동하던 인화(燐火)가 전혀 일지 않던 것을.

어른들이 눈을 꿈적이며 먹탕곶 개펄께를 그만 보라고 타이른 밤이면 ㉡ 담 밑에 반딧불만 자주 날아도, 촛불 붙이려 혼자 사당(祠堂) 문을 열 때처럼 뒷덜미가 선뜩하고 떨떠름하여 담 밑에도 가지 못할 만큼이나 그 도깨비불은 여간 두려운 존재가 아니었다. 그러므로 그런 날은 아무리 무더워도 모기가 떠메어 간다는 핑계로 마실 마당에서 일찍 물러나곤 하였다.

(중략)

복산이가 자리를 만들 동안 나는 변소를 찾아 나섰다. 농가라면 흔히 그렇듯 그곳은 저만치 밭마당 구석에 따로 나와 있었다. ㉢ 나는 마당을 가로질러 가면서 무심결에 개펄 쪽을 둘러보다가 소스라쳐 놀라며 그 자리에 굳어 버리고 말았다.

아— 나는 참으로 오랜만에 가슴이 벅차오르는 것을 느꼈다. 도깨비불—— 그렇다. 왕대뫼 밑 먹탕곶 개펄에 푸른빛을 내뿜는 도깨비불이 즐비하게 늘어서 있던 것이다.

하나 둘 셋이 넷이…… 나는 어느새 도깨비불들을 손가락으로 헤아려 나가고 있었다. 변치 않은 것이 한 가지 더 있다는 반가움, 반가움과 즐거움에 들떠 그것들을 차곡 차곡 빠뜨리지 않고 세어 나갔다.

"마흔다섯……."

하고 중얼거리며 나는 손가락을 떨었다. ㉣ 내일 새벽엔 안개도 볼 수 있으리라고 믿어, 가슴의 설렘에 손가락마저 떨린 거였다. 모를 일이었다. 옛날로 돌아가 혹시 길 잃은 여우가 울부짖게 되는지도.

"게서 뭘 허나?"

복산이가 같은 용무로 나오면서 허텅지거리를 했다.

"아, 도깨비불…… 생전 못 볼 줄 알았다가 보니 좋은데. 멋 있는걸."

나는 건너편을 손가락질하면서 들뜬 소리로 말했다.

"무엇이?"

"저 도깨비불……."

"무엇 불?"

"옛날에 보던 도깨비불, 그거 아녀?"

"무슨 불? 허어 참, 그러게 장가를 가라구."

"……."

"도깨비불 좋아허네…… 저게? 술고래라서 안주두 고루 먹어 헛소리는 안 헐 중 알 았더니……."

"그럼 모르겠는데……."

"뭘 몰러? 저건 서울서 온 낚시꾼들의 간드레 불이여. 명색 문화인이라면서 밤낚시 한 번두 못 해 봤구먼."

나는 무엇에 받혀 하늘 높이 떠올랐다가 거꾸로 떨어진 기분이었다. 오랜 꿈결에서 순간적으로 깨어난 것처럼 허망하고 민망했다.

"이리 죽 늘어앉은 디는 물길이구, 저쪽 저리 둘러앉은 디가 유수지여. 갯물이 들어 오면 수문을 막았다가 쓸물 때 열어 물을 빼는디 민물고기 갯물 고기가 섞이구 해서 씨 알두 게가 굵구, 물길에서는 잔챙이래두 붕어만 문다네. 남포, 청라 담에는 여기를 친다 는 겨."

그제서야 나는 늘어앉은 불빛들이 제자리에 죽어 있음을 비로소 깨달았다. ㉤ 무등 타기와 숨바꼭질을 하던 살아 있는 불이 아니란 것만 진작 알았어도 마흔다섯까지 수 효를 헤아리지는 않았을 터였다. 나는 무슨 재산붙이를 어둠 속에 잃고 찾지 못한 투로 무거워진 가슴을 안고 복산이 따라 방으로 들어갔다.

- 이문구, 「관촌수필」-

* 톺던 : 끝을 가늘고 부드럽게 하려고 톱으로 훑던.

> * 콩노굿 : 콩의 꽃.
> * 자마구 : 곡식의 꽃가루.
> * 된내기 : 된서리.
> * 감뭇하기도 : 보이던 것이 전연 보이지 않아 찾을 곳이 감감하기도.

44. ㉠~㉤에 대한 이해로 적절하지 <u>않은</u> 것은?

① ㉠에는 어른들의 말을 온전하게 받아들이지는 않는 '나'의 미심쩍음이 드러난다.

② ㉡에는 착각으로 인해 연상된 상황을 궁금해 하는 '나'의 호기심이 나타난다.

③ ㉢에는 우연히 발견한 대상에 대한 '나'의 반가움이 담겨 있다.

④ ㉣에는 예측하는 상황이 일어날 것이라는 짐작에서 비롯된 '나'의 기대감이 나타난다.

⑤ ㉤에는 대상의 실체를 확인하기 전에 했던 자신의 행동에 대한 '나'의 허무감이 드러난다.

[실전 문항 4]

* 다음 글을 읽고 물음에 답하시오.[2018학년도 9월]

(나)

이별이라네 이별이라네 이 도령 춘향이가 이별이로다

춘향이가 도련님 앞에 바짝 달려들어 눈물짓고 하는 말이

도련님 들으시오 나를 두고 못 가리다

나를 두고 가겠으면 홍로화(紅爐火) 모진 불에

다 사르겠으면 사르고 가시오

날 살려 두고는 못 가시리라

잡을 데 없으면 ⓐ 삼단같이 좋은 머리를

휘휘칭칭 감아쥐고라도 날 데리고 가시오

살려 두고는 못 가시리다

날 두고 가겠으면 용천검(龍泉劍) 드는 칼로다

요 내 목을 베겠으면 베고 가시오

날 살려 두고는 못 가시리라

두어 두고는 못 가시리다

날 두고 가겠으면 ⓑ 영천수(潁川水) 맑은 물에다

던지겠으면 던지고나 가시오

날 살려 두고는 못 가시리다

이리 한참 힐난하다 할 수 없이 도련님이 떠나실 때

방자 놈 분부하여 나귀 안장 고이 지으니

도련님이 나귀 등에 올라앉으실 때

춘향이 기가 막혀 미칠 듯이 날뛰다가

우르르 달려들어 나귀 꼬리를 부여잡으니

ⓒ 나귀 네 발로 동동 굴러 춘향 가슴을 찰 때

안 나던 생각이 절로 나

그때에 이별 별(別) 자 내인 사람 나와 한백 년 대원수로다

깨치리로다 깨치리로다 박랑사 중 쓰고 남은 철퇴로

천하장사 항우 주어 이별 두 자를 깨치리로다

할 수 없이 도련님이 떠나실 때

향단이 준비했던 주안을 갖추어 놓고

풋고추 겨리김치 문어 전복을 곁들여 놓고

잡수시오 잡수시오 이별 낭군이 잡수시오

언제는 살자 하고 화촉동방(華燭洞房) 긴긴 밤에

청실홍실로 인연을 맺고 백 년 살자 언약할 때

물을 두고 맹세하고 산을 두고 증삼(曾參)* 되자더니

ⓓ 산수 증삼은 간 곳이 없고

이제 와서 이별이란 웬 말이오

잘 가시오

잘 있거라

산첩첩(山疊疊) 수중중(水⋯重重)한데 부디 편안히 잘 가시오

나도 ⓔ 명년 양춘가절*이 돌아오면 또다시 상봉할까나

- 작자 미상, 「춘향이별가」-

* 증삼 : 공자의 제자. 고지식하여 약속을 반드시 지킴.

* 양춘가절 : 따뜻하고 좋은 봄철.

35. ⓐ~ⓔ에 대한 설명으로 가장 적절한 것은?

① ⓐ는 인물이 지닌 자부심을 환기하여 좌절감을 완화하는 소재이다.

② ⓑ는 초월적 공간에 대한 지향을 드러내어 현재의 고통과 대비하기 위한 소재이다.

③ ⓒ는 부정적인 상황을 희화화함으로써 당면한 현실을 풍자하는 표현이다.

④ ⓓ는 기대가 어긋나 버린 사정을 부각하여 비애감을 심화하는 표현이다.

⑤ ⓔ는 미래에 대한 전망을 바탕으로 대상과의 재회를 확신하는 표현이다.

[실전 문항 5]

* 다음 글을 읽고 물음에 답하시오.[2018학년도 6월]

(다)
어머님,
제 예닐곱 살 적 겨울은
목조 적산 가옥 이층 다다미방의
벌거숭이 유리창 깨질 듯 울어 대던 외풍 탓으로
한없이 추웠지요, 밤마다 나는 벌벌 떨면서
아버지 가랭이 사이로 시린 발을 밀어 넣고
그 가슴팍에 벌레처럼 파고들어 얼굴을 묻은 채
겨우 잠이 들곤 했었지요.

[B]
요즈음도 추운 밤이면
곁에서 잠든 아이들 이불깃을 덮어 주며
늘 그런 추억으로 마음이 아프고,
나를 품어 주던 그 가슴이 이제는 한 줌 뼛가루로 삭아
붉은 흙에 자취 없이 뒤섞여 있음을 생각하면
옛날처럼 나는 다시 아버지 곁에 눕고 싶습니다.

그런데 어머님,
오늘은 영하(零下)의 한강교를 지나면서 문득
나를 품에 안고 추위를 막아 주던
예닐곱 살 적 그 겨울밤의 아버지가
이승의 물로 화신(化身)해 있음을 보았습니다.
품 안에 부드럽고 여린 물살은 무사히 흘러
바다로 가라고,
꽝 꽝 얼어붙은 잔등으로 혹한을 막으며
하얗게 얼음으로 엎드려 있던 아버지,
아버지, 아버지……

- 이수익, 「결빙(結氷)의 아버지」-

* 부연(附椽) : 긴 서까래 끝에 덧얹는 네모지고 짧은 서까래.
* 호장 : 회장(回裝). 여자 저고리를 색깔 있는 헝겊으로 꾸민 것.
* 초마 : '치마'의 방언.

29. [B]를 중심으로 (다)를 감상한 것으로 적절하지 <u>않은</u> 것은?

① '곁에서 잠든 아이들 이불깃을 덮어 주'는 모습이 '나를 품에 안고 추위를 막아 주던' 모습과 호응하여, 자식을 걱정하는 아버지의 마음이 시적 화자에게로 이어짐을 보여 주는군.

② '늘 그런 추억으로 마음이 아프'다는 것으로 미루어 볼 때, '아버지, 아버지……'에서 아버지의 부재에 대한 시적 화자의 애틋함을 여운으로 남기고 있음을 알 수 있군.

③ '한 줌 뼛가루'의 이미지와 '하얗게 얼음으로 엎드려 있'는 강의 이미지를 연관시켜, 아버지의 모습을 감각적으로 표현하고 있군.

④ '나를 품어 주던 그 가슴'과 '꽝 꽝 얼어붙은 잔등'의 대비를 통하여, 내면의 의도와 반대되는 행동을 보여 주셨던 아버지의 태도를 강조하고 있군.

⑤ '다시 아버지 곁에 눕고 싶'은 현재와 '아버지 가랭이 사이로 시린 발을 밀어 넣'었던 과거를 연결하여, 아버지에 대한 그리움을 담아내고 있군.

제2법칙 : 정답 해설

[실전 문항 1]

* 다음 글을 읽고 물음에 답하시오.[2017학년도 11월]

32. (나)의 등장인물에 대한 이해로 적절하지 않은 것은? ③

① "그런데 어느 날, 스승인 아버님이~두 제자들이 자릴 비우고 없었어."라는 대사에서 함이정은 극중의 사건을 현재에서 과거로 전환시키는 기능을 한다.

② "동연아! 서연아! 어디 있느냐?"라는 대사에서 함묘진은 '어머니의 처녀 시절' 이야기 속의 인물들을 무대로 등장하게 하는 기능을 한다.

③ "할아버지 목청은 왜 저렇게 커요?"라는 대사에서 조숭인은 등장인물의 행동을 평하면서 다른 인물들 간의 갈등을 유발하는 기능을 한다.

④ "서연은 쓸데없는 주장으로 저를 괴롭힙니다."라는 대사에서 알 수 있듯 동연은 '어머니의 처녀시절' 이야기 속 갈등의 한 축으로서 기능한다.

⑤ "돌로도 부처님을~안 될 건 없지."라는 대사에서 알 수 있듯 서연은 작품의 주제 의식을 전달하는 인물 중 하나로 기능한다.

[적용]

<보기> 없는 문항- 지문인용(직접) 있는 선택지

① "그런데 어느 날, 스승인 아버님이~두 제자들이 자릴 비우고 없었어."라는 대사에서 / 함이정은 극중의 사건을 현재에서 과거로 전환시키는 기능을 한다.

지문요소 : ~~"그런데 어느 날, 스승인 아버님이~두 제자들이 자릴 비우고 없었어."라는 대사에서~~

<u>"그런데 어느 날, 스승인 아버님이~두 제자들이 자릴 비우고 없었어."[정답 판단을 위한 인용 지문]</u>라는 대사에서 / <u>함이정은 극중의 사건을 현재에서 과거로 전환시키는 기능[정답을 판단하는 평가요소]</u>을 한다.

<u>지문요소[기회]</u>   =   <u>선택지 중 평가요소</u>
    └─[정답 확인]─┘   ---- 연결성(일치여부 확인) / 묶자!

정답 판단 : 지문대사에 따른 평가요소가 일치함.

② "동연아! 서연아! 어디 있느냐?"라는 대사에서 함묘진은 '어머니의 처녀 시절' / 이야기 속의 인물들을 무대로 등장하게 하는 기능을 한다.

지문요소 : "동연아! 서연아! 어디있느냐?"라는 대사에서 / 함묘진은 '어머니의 처녀 시절'
"동연아! 서연아! 어디있느냐?"라는 대사에서 함묘진은 '어머니의 처녀 시절' / 이야기 속의 인물들을 무대로 등장하게 하는 기능을 한다.

정답 판단 : 지문 대사에 따른 평가요소가 일치함.

※ tip 선택지에 두 개의 대화가 나올 경우, 역시 삭제의 원칙에 따른다. 평가요소가 아니기 때문이다.

③ "할아버지 목청은 왜 저렇게 커요?"라는 대사에서 / 조숭인은 등장인물의 행동을 평하면서 / 다른 인물들 간의 갈등을 유발하는 기능을 한다.

지문요소 : "할아버지 목청은 왜 저렇게 커요?"라는 대사에서
"할아버지 목청은 왜 저렇게 커요?"라는 대사에서 / (1)조숭인은 등장인물
[평가요소 o, x]
의 행동을 평하면서 / (2)다른 인물들 간의 갈등을 유발하는 기능을 한다.
[평가요소 o, x]

정답 판단 : 등장인물[할아버지]의 행동을 평했다는 점에서 정답 판단에서 (1)은 관련성이 없다. 또 '불교 제작장'에서 싸운 두 인물[동연, 서연]이 불상 제작 과정에서 이견으로 갈등이 생긴 것이지, 조숭인과는 전혀 관련이 없다.

※ tip 평가요소가 두 개인 경우는 1/2에서 1/3까지 확장 적용해야 한다.

④ "서연은 쓸데없는 주장으로 저를 괴롭힙니다."라는 대사에서 알 수 있듯 / 동연은 '어머니의 처녀시절' 이야기 속 갈등의 한 축으로서 기능한다.

지문요소 : "서연은 쓸데없는 주장으로 저를 괴롭힙니다."라는 대사에서"서연은 쓸데없는 주장으로 저를 괴롭힙니다."라는 대사에서 알 수 있듯 / 동연은 '어머니의 처녀시절' 이야기 속 갈등의 한 축으로서 기능한다.

정답 판단 : 지문 대사에 따른 평가요소가 일치함.

⑤ "돌로도 부처님을~안 될 건 없지."라는 대사에서 알 수 있듯 / 서연은 작품의 주제 의식을 전달하는 인물 중 하나로 기능한다.

지문요소 : "돌로도 부처님을~안 될 건 없지."라는 대사에서 "돌로도 부처님을~안 될 건 없지."라는 대사에서 알 수 있듯 / 서연은 작품의 주제 의식을 전달하는 인물 중 하나로 기능한다.

정답 판단 : 지문 대사에 따른 평가요소가 일치함.

[실전 문항 2]

* 다음 글을 읽고 물음에 답하시오.[2016학년도 11월 B형]

44. (가)에 대한 이해로 가장 적절한 것은? ④

① '무거운 어깨를 털고'는 지상으로부터 벗어나기 위해 사물들이 몸부림치는 모습을 표현한 것이다.

② '노동의 시간을 즐기고'는 노동의 고단함을 잊기 위해 사물들이 경쾌하게 움직이는 모습을 표현한 것이다.

③ '즐거운 지상의 잔치'는 기존의 사물들이 새로 태어난 사물들을 반갑게 맞이하는 모습을 표현한 것이다.

④ '태양의 즐거운 울림'은 하늘의 태양이 지상에 있는 사물들과 서로 어울려 생기를 띠는 모습을 표현한 것이다.

⑤ '세상은 개벽을 한다'는 사물들이 새로운 형태로 변화하면서 혼란을 겪는 모습을 표현한 것이다.

[적용]

① ~~'무거운 어깨를 털고'는~~ / 지상으로부터 벗어나기 위해 사물들이 몸부림치는 모습을 표현한 것이다.

지문요소 : 서정갈래의 경우는 지문요소(지문인용)가 바로 정답을 결정하지는 않는다. 그러나 중간중간의 지문을 통합하거나 변형하는 과정에서 작품의 유기적 맥락을 전제로 이해해야만 할 때, 지문요소가 정답을 결정할 수 있다는 점을 명심해야 한다.

정답 판단 : 어둠이 지나고 아침이 올 때, 물상(새, 돌, 꽃 등)이 제각각 몸을 움직이어 노동의 시간을 즐기는 것이지 지상으로부터 벗어나는 몸부림은 아니다.

② ~~'노동의 시간을 즐기고'는~~ / 노동의 고단함을 잊기 위해 사물들이 경쾌하게 움직이는 모습을 표현한 것이다.

지문요소 : 서정갈래의 경우는 지문요소(지문인용)가 바로 정답을 결정하지는 않는다. 그러나 중간중간의 지문을 통합하거나 변형하는 과정에서 작품의 유기적 맥락을 전제로 이해해야만 할 때, 지문요소가 정답을 결정할 수 있다는 점을 명심해야 한다.

정답 판단 : 물상(새, 돌, 꽃 등)이 제각각 몸을 움직이어 노동의 사간을 즐기는 것이지 고단함을 잊기 위해서는 아니다.

③ '즐거운 지상의 잔차'는 / 기존의 사물들이 새로 태어난 사물들을 반갑게 맞이하는 모습을 표현한 것이다.

지문요소 : 서정갈래의 경우는 지문요소(지문인용)가 바로 정답을 결정하지는 않는다. 그러나 중간중간의 지문을 통합하거나 변형하는 과정에서 작품의 유기적 맥락을 전제로 이해해야만 할 때, 지문요소가 정답을 결정할 수 있다는 점을 명심해야 한다.

정답 판단 : 기존의 물상들이 아침에 동적인 모습을 보이는 것이지 새로 태어난 사물은 없다.

④ '태양의 즐거운 울림'은 / 하늘의 태양이 지상에 있는 사물들과 서로 어울려 생기를 띠는 모습을 표현한 것이다.

지문요소 : 서정갈래의 경우는 지문요소(지문인용)가 바로 정답을 결정하지는 않는다. 그러나 중간중간의 지문을 통합하거나 변형하는 과정에서 작품의 유기적 맥락을 전제로 이해해야만 할 때, 지문요소가 정답을 결정할 수 있다는 점을 명심해야 한다.

정답 판단 : 즐거운 지상의 잔치와 금으로 타는 태양의 즐거운 울림은 서로 조화롭게 어울리는 모습을 형상화한 것이다. 따라서 평가요소에 부합하는 정답이다.

⑤ '세상은 개벽을 한다'는 / 사물들이 새로운 형태로 변화하면서 혼란을 겪는 모습을 표현한 것이다.

지문요소 : 서정갈래의 경우는 지문요소(지문인용)가 바로 정답을 결정하지는 않는다. 그러나 중간중간의 지문을 통합하거나 변형하는 과정에서 작품의 유기적 맥락을 전제로 이해해야만 할 때, 지문요소가 정답을 결정할 수 있다는 점을 명심해야 한다.

정답 판단 : 아침의 환희를 노래한 것이지, 혼란을 겪는 모습을 표현한 것은 아니다.

* 다음 글을 읽고 물음에 답하시오.[2018학년도 11월]

44. ㉠~㉤에 대한 이해로 적절하지 <u>않은</u> 것은? ②

① ㉠에는 어른들의 말을 온전하게 받아들이지는 않는 '나'의 미심쩍음이 드러난다.

② ㉡에는 착각으로 인해 연상된 상황을 궁금해 하는 '나'의 호기심이 나타난다.

③ ㉢에는 우연히 발견한 대상에 대한 '나'의 반가움이 담겨 있다.

④ ㉣에는 예측하는 상황이 일어날 것이라는 짐작에서 비롯된 '나'의 기대감이 나타난다.

⑤ ㉤에는 대상의 실체를 확인하기 전에 했던 자신의 행동에 대한 '나'의 허무감이 드러난다.

[적용]

① <s>㉠에는</s> / 어른들의 말을 온전하게 받아들이지는 않는 / '나'의 미심쩍음이 드러난다.

지문요소 : ㉠ 기러기 그림자에 논두렁콩노굿이 지고 오려논에 자마구가 일며부터는 아무도 모르게 간곳없이 사라지던 것을 보아 믿을 만한 말이라고 우길 따름이었다.

정답 판단 : 지문요소는 기호로 표시되었기 때문에, 선택지는 판단요소만 남는다. 따라서 지문요소에 대한 출제자의 분석인 판단요소와의 연결성으로 정답을 판단하면 된다. 도깨비불의 정체를 통해 도깨비가 있다고 전해지는 말에 대해 '나'의 미심쩍음이 드러난다는 것을 알 수 있다.

② <s>㉡에는</s> / 착각으로 인해 연상된 상황을 궁금해 하는 / '나'의 호기심이 나타난다.

지문요소 : ㉡ 담 밑에 반딧불만 자주 날아도, 촛불 붙이려 혼자 사당(祠堂) 문을 열 때처럼 뒷덜미가 선뜩하고 떨떠름하여 담 밑에도 가지 못할 만큼이나 그 도깨비불은 여간 두려운 존재가 아니었다.

정답 판단 : 어른들이 먹탕곳 개펄께를 그만 가보라고 타이르는 밤에, '나'는 뒷덜미가 선뜩하고 떨떠름하고, 도깨비불에 대해 두려움을 느낀 것이지, '나'의 호기심은 아니다.

③ <s>㉢에는</s> / 우연히 발견한 대상에 대한 / '나'의 반가움이 담겨 있다.

지문요소 : ㉢ 나는 마당을 가로질러 가면서 무심결에 개펄 쪽을 둘러보다가 소스라쳐 놀

라며 그 자리에 굳어 버리고 말았다.

정답 판단 : '나'의 반가움은 선택지의 지문요소 다음에 오는 문장을 봐야 한다는 점이
특이하다. 즉 '아— 나는 참으로 오랜만에 가슴이 벅차오르는 것을 느꼈다.'
에서 반가움을 추론할 수 있다. 기호와 묶인 선택지만을 가지고 정답을 판단
해야 하는데, 이어진 문장까지를 읽어야 한다는 것을 명심해야 한다. '무심
결에 개펄 쪽을 둘러보다가 소스라쳐 놀라며 그 자리에 굳어 버리고 말았
다.' = '오랜만에 가슴이 벅차오르는 것을 느꼈다.'

④ ~~ⓒ에는~~ / 예측하는 상황이 일어날 것이라는 짐작에서 비롯된 / '나'의 기대감이 나타난다.

지문요소 : ② 내일 새벽엔 안개도 볼 수 있으리라고 믿어, 가슴의 설렘에 손가락마저 떨
린 거였다.

정답 판단 : '가슴의 설렘에 손가락마저 떨린 거였다.'는 '나'의 기대감에 해당하지만,
'예측하는 상황이 일어날 것이라는 짐작'은 선택지 뒤에 오는 문장인 '옛날
로 돌아가 혹시 길 잃은 여우가 울부짖게 될는지도.'에서 파악할 수 있다.

⑤ ~~ⓜ에는~~ / 대상의 실체를 확인하기 전에 했던 자신의 행동에 대한 / '나'의 허무감이
드러난다.

지문요소 : ⑩ 무등 타기와 숨바꼭질을 하던 살아 있는 불이 아니란 것만 진작 알았어도
마흔다섯까지 수효를 헤아리지는 않았을 터였다.

정답 판단 : '불이 아니란 것만 진작 알았어도 마흔다섯까지 수효를 헤아리지는 않았을
터였다.'에서 '나'의 허무감을 짐작할 수 있다.

[실전 문항 4]

* 다음 글을 읽고 물음에 답하시오.[2018학년도 9월]

35. ⓐ~ⓔ에 대한 설명으로 가장 적절한 것은? ①
① ⓐ는 인물이 지닌 자부심을 환기하여 좌절감을 완화하는 소재이다.
② ⓑ는 초월적 공간에 대한 지향을 드러내어 현재의 고통과 대비하기 위한 소재이다.
③ ⓒ는 부정적인 상황을 희화화함으로써 당면한 현실을 풍자하는 표현이다.
④ ⓓ는 기대가 어긋나 버린 사정을 부각하여 비애감을 심화하는 표현이다.
⑤ ⓔ는 미래에 대한 전망을 바탕으로 대상과의 재회를 확신하는 표현이다.

[적용]

① ⓐ는 / 인물이 지닌 자부심을 환기하여 / 좌절감을 완화하는 소재이다.
지문요소 : 기호 부분과 동일
정답 판단 : 춘향을 두고 떠나는 장면에서 이도령과 이별에 대한 애절함을 표현한 것이다. 인물의 자부심과 좌절감과는 거리가 먼 설명이다.

② ⓑ는 / 초월적 공간에 대한 지향을 드러내어 / 현재의 고통과 대비하기 위한 소재이다.
지문요소 : 기호 부분과 동일
정답 판단 : 이별할 수 없다는 춘향의 절절함을, 영천수에 죽어도 이도령과 헤어질 수 없다는 심정을 표현한 것이다.

③ ⓒ는 / 부정적인 상황을 희화화함으로써 / 당면한 현실을 풍자하는 표현이다.
지문요소 : 풍자보다는 춘향의 절절한 심정을 나귀의 행동을 빌어 표현한 것이다.

④ ⓓ는 / 기대가 어긋나 버린 사정을 부각하여 / 비애감을 심화하는 표현이다.
지문요소 : 기호 부분과 동일
정답 판단 : 춘향에 대한 이도령의 약속을 저버리고 떠난다는데서, 춘향의 비애감을 표현한 것이다. 즉 약속을 저버린 것을 비유한 것이다.

⑤ ⓔ는 / 미래에 대한 전망을 바탕으로 / 대상과의 재회를 확신하는 표현이다.
지문요소 : 기호 부분과 동일
정답 판단 : 영탄적 수사법을 통해 언제 상봉할지 모른다는 의구심을 담은 표현이다.

[실전 문항 5]

* 다음 글을 읽고 물음에 답하시오.[2018학년도 6월]

29. [B]를 중심으로 (다)를 감상한 것으로 적절하지 않은 것은? ④

① '곁에서 잠든 아이들 이불깃을 덮어 주'는 모습이 '나를 품에 안고 추위를 막아 주던' 모습과 호응하여, 자식을 걱정하는 아버지의 마음이 시적 화자에게로 이어짐을 보여 주는군.

② '늘 그런 추억으로 마음이 아프'다는 것으로 미루어 볼 때, '아버지, 아버지……'에서 아버지의 부재에 대한 시적 화자의 애틋함을 여운으로 남기고 있음을 알 수 있군.

③ '한 줌 뼛가루'의 이미지와 '하얗게 얼음으로 엎드려 있'는 강의 이미지를 연관시켜, 아버지의 모습을 감각적으로 표현하고 있군.

④ '나를 품어 주던 그 가슴'과 '꽝 꽝 얼어붙은 잔등'의 대비를 통하여, 내면의 의도와 반대되는 행동을 보여 주셨던 아버지의 태도를 강조하고 있군.

⑤ '다시 아버지 곁에 눕고 싶'은 현재와 '아버지 가랭이 사이로 시린 발을 밀어 넣'었던 과거를 연결하여, 아버지에 대한 그리움을 담아내고 있군.

[적용]

① ~~'곁에서 잠든 아이들 이불깃을 덮어 주'는 모습이 '나를 품에 안고 추위를 막아 주던'~~ ~~모습과 호응하여,~~ / 자식을 걱정하는 아버지의 마음이 시적 화자에게로 이어짐을 보여 주는군.

지문요소 : 서정갈래의 경우는 지문요소(지문인용)가 바로 정답을 결정하지는 않는다. 그러나 중간중간의 지문을 통합하거나 변형하는 과정에서 작품의 유기적 맥락을 전제로 이해해야만 할 때, 지문요소가 정답을 결정할 수 있다는 점을 명심해야 한다.

정답 판단 : 지문요소를 통해 '자식을 걱정하는 아버지의 마음이 시적 화자에게로 이어짐'을 보여 주고 있다.

② ~~'늘 그런 추억으로 마음이 아프'다는 것으로 미루어 볼 때, '아버지, 아버지……'에서~~ ~~아버지의 부재에 대한~~ / 시적 화자의 애틋함을 여운으로 남기고 있음을 알 수 있군.

지문요소 : 서정갈래의 경우는 지문요소(지문인용)가 바로 정답을 결정하지는 않는다. 그러나 중간중간의 지문을 통합하거나 변형하는 과정에서 작품의 유기적 맥락을

전제로 이해해야만 할 때, 지문요소가 정답을 결정할 수 있다는 점을 명심해야 한다.

정답 판단 : 아버지 부재에 대한 안타까운 심정을 통해 시적 화자의 애틋함을 여운으로 남기고 있음을 알 수 있다.

③ '한 줌 뼛가루'와 아머지와 '하얗게 얼음으로 엎드려 있'는 강와 아머지를 연관시켜, / 아버지의 모습을 감각적으로 표현하고 있군.

지문요소 : 서정갈래의 경우는 지문요소(지문인용)가 바로 정답을 결정하지는 않는다. 그러나 중간중간의 지문을 통합하거나 변형하는 과정에서 작품의 유기적 맥락을 전제로 이해해야만 할 때, 지문요소가 정답을 결정할 수 있다는 점을 명심해야 한다.

정답 판단 : 지문요소를 통해 아버지의 모습을 감각적으로 표현한 것을 파악할 수 있다.

④ '나를 품어 주던 큰 가슴'과 '꽝 꽝 얼어붙은 잔등'의 데비를 통하여, / 내면의 의도와 반대되는 행동을 보여 주셨던 아버지의 태도를 강조하고 있군.

지문요소 : 서정갈래의 경우는 지문요소(지문인용)가 바로 정답을 결정하지는 않는다. 그러나 중간중간의 지문을 통합하거나 변형하는 과정에서 작품의 유기적 맥락을 전제로 이해해야만 할 때, 지문요소가 정답을 결정할 수 있다는 점을 명심해야 한다.

정답 판단 : '꽝 꽝 얼어붙은 잔등'은 고통으로부터 보호하려는 아버지의 따뜻한 정을 느낄 수 있는 부분이다. 따라서 정답이다.

⑤ '다시 아버지 곁에 눕고 싶'은 현재와 '아버지 거랭이 사이로 시린 발을 밀어 넣'었던 과거를 연결하여, / 아버지에 대한 그리움을 담아내고 있군.

지문요소 : 서정갈래의 경우는 지문요소(지문인용)가 바로 정답을 결정하지는 않는다. 그러나 중간중간의 지문을 통합하거나 변형하는 과정에서 작품의 유기적 맥락을 전제로 이해해야만 할 때, 지문요소가 정답을 결정할 수 있다는 점을 명심해야 한다.

정답 판단 : 아버지에 대한 과거와 현재의 행동을 통해 아버지에 대한 그리움을 담아내고 있다.

제3법칙 : 지문인용(간접) 있는 선택지

선택지에 출제 지문의 특정 부분을 요약한 선택지나 선택지 구성에 꼭 필요한 용어 정도로, 즉 서정갈래는 시어, 서사갈래는 인물 혹은 인물의 대화 일부를 인용하는 경우를 말한다.

[예시 문항]

* 다음 글을 읽고 물음에 답하시오.[2016학년도 11월 A형]

자라가 기막혀 우는 말이,
"못 보겠네, 못 보겠네, 병든 용왕 못 보겠네. 나의 충성 부족던가, 나의 정성 부족던가? 객사 신세 자라 팔자, 이 아니 불쌍한가? 명천이 감동하와 백호를 죽여 주오, 애고애고 설운지고."
이렇듯이 슬피 우니 호랑이 듣고,
"이놈, 무슨 내게 해로운 소리만 하느냐?"
자라 생각하되,
'왕명을 받들어 만 리 밖에 나와 이 지경을 당하니 한 번 죽지 두 번 죽음은 없는지라. 먹지 않는 것 없이 몽땅 먹는다 하니 내 한번 고기 값이나 하리라.'
하고 모진 마음을 굳게 먹고,
"어따, 네가 내 근본을 알려느냐?"

하며 호랑이 앞턱을 냅다 물고 매어 달리니, 호랑이가,

"애고, 놓아. 아니 먹으마."

자라 놓고 나앉으며 움츠렸던 목을 길게 빼어 염려 없이 기세를 보이니, 호랑이 보더니,

"이크, 장사 갑주 속의 방망이 총 나온다."

하며 저만치 물러앉으니, 자라 호랑이 질려 하는 낌새를 알고,

"그대가 내 근본을 자세히 아는가? 나는 수국충신 간의대부 겸 시랑 별주부, 별나리라 하네."

호랑이 무식하여 자라 별자 못 알아듣고 무수히 새겨,

"별나리, 별나리, 그저 나리도 무섭다 하되 별나리 더 무섭다. 생긴 모양보다는 직품은 높고 찬란한데, 그러면 목은 어찌 그리 되었으며, 이곳에는 어찌 나왔는가?"

자라 대답하되,

"이곳 나오고 목이 이리 된 근본을 알려나?"

"어디 좀 알아보세."

"우리 수궁이 퇴락하여 새로 다시 지은 후에 천여 개 기와를 내 손으로 이어갈 제, 추녀 끝에 돌아가다 한 발길 미끄러져 공중에서 뚝 떨어져 빙빙 돌아 나려오다 목으로 찔꺽 내려 박혀 목이 이리 되었기로 명의더러 물어보니 호랑이 쓸개가 약이 된다 하기에 벽력 장군 앞세우고 도로랑 귀신 잡아타고 호랑이 사냥 나왔으니 게가 호랑이면 쓸개 한 보 못 주겠나. 도로랑 귀신 게 있느냐? 어서 급히 빨리 나와 용천검 드는 칼로 이 호랑이 배 갈라라, 도로랑!"

하고 달려드니 호랑이 깜짝 놀라 물똥을 와락 싸고, 초나라 노랫소리에 놀란 패왕 포위 뚫고 남쪽으로 달아나듯, 적벽강 불 싸움에 패군장 위왕 조조 정욱 따라 도망하듯, 북풍에 구름 닫듯, 편전살 달아나듯, 왜물 조총 철환 닫듯, 녹수를 얼른 건너 동쪽 숲을 헤치면서 쑤루쑤루 달아나 만첩청산 바위틈에 혼자앉아 장담하고 하는 말이,

"내 재주 아니런들 도로랑 귀신 피할손가? 하마터면 죽을뻔하였구나."

(중략)

한창 이리 춤을 출 제, 대장 범치 토끼 옆에 섰다가,

"이크, 토끼 뱃속에 간이 촐랑촐랑하는구나."

토끼 깜짝 놀라,

'어떤 게 간이라고? 뱃속에 물똥이 들어 촐랑거리는 걸 간이라 하것다. 아뿔싸, 낌새를 보아 떠나라고 하였거니 즉시 가는 것만 못할지고.'

이리할 제 별주부 잔치에 참여하였다가 눈을 부릅떠 토끼를 보며 가만히 꾸짖어 왈,

"내 듣기에도 촐랑촐랑하는 것이 분명한 간인 듯하거든 네 저러한 꾀로 우리 대왕을 속이려 하느냐?"

토끼 마음에 분하여 잔치가 끝난 후 왕께 아뢰어,

"소토 세상에서 약간 의서를 보았거니와 음허화동(陰虛火動)으로 난 병에 원기 회복하기는 왕배탕이 제일 좋다 하오니 왕배는 곧 자라라, 오래 묵은 자라를 구하여 쓰면 기운이 자연 회복할 것이요, 그 다음에 소토의 간을 쓰면 병세 며칠 안으로 나으리다."

왕이 이때 토끼 말이라 하면 사슴을 말이라 해도 믿는지라.

즉시 명령을 내리되,

"세상에 나갔던 별주부 오래 묵었으니 법을 좇아 잡아들이라."

하니 현의도독 거북이 아뢰기를,

"옛 말씀에 '토끼를 다 잡으면 사냥개를 삶아 먹고 높이뜬 새 없어지면 좋은 활이 숨는다.' 하였사오니 선생 말씀이 옳사오나 주부는 만리타국의 정성을 다하여 공을 이루고 왔삽거늘 제후로 봉하기는 고사하고 죽이는 것은 이웃나라가 알게 해서는 안 되는 일이나이다. 특별히 권도(權道)를 좇아 암자라로 대용하심을 바라나이다."

왕 왈,

"윤허하노라."

하시니라.

이때 별주부 천지 망극하여 집에 돌아와서 부부 서로 손을 잡고 통곡하다가 문득 생각하여 왈,

"내 일시 경솔한 말로 음해를 만나 무죄한 부인을 이 지경을 당하게 하였거니와 천리를 함께 온 정이 적지 아니하고 제 마음이 악독하여 고집스럽지 않으니 우리 정성을 다하여 빌면 다시 측은히 생각하여 구해 주리라."

하고, 즉시 별당을 깨끗이 치우고 잔치를 배설하여 토끼를 정으로 청하여 상좌에 앉히고 별주부 내외 당하에 꿇어 백배 애걸하는 말이,

"오늘날 우리 두 사람 목숨이 선생께 달렸으니 넓으신 도량으로 짐작하여 잔명을 구하여 주옵소서."

토끼 수염을 만지작거리며 웃어 왈,

"네 당초에 날 죽을 곳으로 유인함도 마음에 고이하거늘 하물며 없는 간을 있다 하여 기어이 죽이려 함은 무슨 일이며, 위태한 때에 이르러 애걸하는 것은 나를 조롱함이냐?"

- 작자 미상, 「토끼전」-

37. 윗글에 대한 이해로 가장 적절한 것은?

① 별주부가 호랑이 앞에서 고기 값이나 하겠다는 것은 / 죽음을 각오하고 상대에

    [지문간접인용 : 특정 지문의 내용을 정리한 부분을 말함.]

맞서겠다는 의지를 드러낸 것이다.

step1 지문간접인용 부분[혹은 기호]과 평가요소를 중심으로 나누고

      <u>선택지 중 지문간접인용 부분</u> / <u>선택지 중 평가요소</u>   ----나누고

① 별주부가 호랑이 앞에서 고기 값이나 하겠다는 것은 / 죽음을 각오하고 상대에 맞서겠다
는 의지를 드러낸 것이다.

step2 인용 지문 부분을 삭제하고

      ~~선택지 중 지문간접인용 부분~~ / <u>선택지 중 평가요소</u>   ---- 삭제하고

① ~~별주부가 호랑이 앞에서 고기 값이나 하겠다는 것은~~ / 죽음을 각오하고 상대에 맞서겠다
는 의지를 드러낸 것이다.

step3 인용 지문 부분과 평가요소를 연결해서 판단하자.

① 별주부가 호랑이 앞에서 고기 값이나 하겠다는 것은[정답 판단을 위한 인용 지문의 기
   능] / 죽음을 각오하고 상대에 맞서겠다는 의지를 드러낸 것이다.[정답을 판단하는 평
   가요소]
     <u>지문요소 = 선택지 중 평가요소</u>
     └──[정답 확인]──┘   ---- 연결성(일치여부 확인) / 묶자!

step을 정리하면 다음과 같다.

① 별주부가 호랑이 앞에서 고기 값이나 하겠다는 것은 / 죽음을 각오하고 상대에 맞서겠
   다는 의지를 드러낸 것이다.
지문요소: : '왕명을 받들어 만 리 밖에 나와 이 지경을 당하니 한 번 죽지 두 번 죽음은
           없는지라. 먹지 않는 것 없이 몽땅 먹는다 하니 내 한번 고기 값이나 하리
           라.'하고 모진 마음을 굳게 먹고,
정답 판단 : 자라가 '모진 마음을 굳게 먹'는 행동을 통해서 죽음을 각오하고 상대에 맞
           서겠다는 의지를 확인할 수 있다.

② 호랑이가 별주부의 외양에서 떠올린 갑주와 방망이 총은 / 상대와 맞설 의지를 갖게 하는 것이다.

지문요소 : "이크, 장사 갑주 속의 방망이 총 나온다."하며 저만치 물러 앉으니,

정답 판단 : '저만치 물러 앉'는 행동을 통해서 호랑이가 상대에게 맞서는 것보다는 피하고 있음을 확인할 수 있다.

③ 호랑이가 바위틈에서 자기 재주를 장담하는 것은 / 패배를 설욕하려는 의지를 다지는 것이다.

지문요소 : 만첩청산 바위 틈에 혼자 앉아 장담하고 하는 말이, "내 재주 아니런들 도로랑 귀신 피할손가? 하마터면 죽을 뻔하였구나."

정답 판단 : 호랑이는 죽을 뻔한 상황에서 벗어난 자신의 능력에 대해 뿌듯해하고 있을 뿐이지, 패배를 설욕하려는 의지와는 무관하다.

④ 토끼가 낌새를 보아 떠나라는 말을 떠올리고 즉시 가야겠다고 생각하는 것은 / 용왕의 믿음을 저버릴 수 없다는 의지 때문이다.

지문요소 : '어떤 게 간이라고? 뱃속에 물똥이 들어 촐랑거리는 걸 간이라 하것다. 아뿔싸, 낌새를 보아 떠나라고 하였거니 즉시 가는 것만 못할지고.'

정답 판단 : 자신이 죽을 위기에 처했음을 알아채는 장면일 뿐 용왕의 믿음을 저버릴 수 없다는 의지와는 관계가 없다.

⑤ 별주부가 부인이 대신 죽게 된 것을 자신의 경솔한 말과 음해 때문이라고 하는 것은 / 아내가 아니라 자신이 죽겠다는 의지를 가지고 있기 때문이다.

지문요소 : "내 일시 경솔한 말로 음해를 만나 무죄한 부인을 이 지경을 당하게 하였거니와 천 리를 함께 온 정이 적지 아니하고 제 마음이 악독하여 고집스럽지 않으니 우리 정성을 다하여 빌면 다시 측은히 생각하여 구해 주리라."

정답 판단 : 별주부는 토끼가 천 리를 함께 온 정도 있고 마음이 악독하지 않으니 용서를 빌면 구해줄 것이라고 말하고 있는 것을 볼 때 대신 죽겠다는 의지는 확인하기 어렵다.

1. 정답 찾기 핵심 3step 예시 문항

* 다음 글을 읽고 물음에 답하시오.[2016 수능 11월 B형]

불을 끈 다음에 아내가 다시 소곤거려 왔다.

"당신두 보셨죠? 오늘사 말고 영기 엄마 배가 유난히 더 불러 보였어요. 혹시 쌍둥이나 아닌가 싶어서 남의 일 같잖아요. 여덟 달밖에 안 된 배가 그렇게 만삭이니 원⋯⋯."

"당신더러 대신 낳으라고 떠맽기진 않을 거야. 걱정 마."

㉠ 나는 그날 밤 디킨즈와 램의 궁둥이를 번갈아 걷어차는 꿈을 꾸었다. 내가 권 씨의 궁둥이를 걷어차고 권 씨가 내 궁둥이를 걷어차는 꿈을 꾸었다.

아내가 권 씨네에 대해서 갑자기 관심을 보이기 시작했다. 좀 더 정확히 얘기해서 권 씨 부인의 그 금방 쏟아질 것만 같은 아랫배에 관한 관심이었다. 말투로 볼 때 남자들이 집을 비우는 낮 동안이면 더러 접촉도 가지는 모양이었다. ㉡ 예정일도 모르더라면서 아내는 낄낄낄 웃었다. 임산부가 자기 분만 예정일도 몰라서야 말이 되느냐고 핀잔했더니, 까짓것 알아도 그만 몰라도 그만, 어차피 때가 되면 배 아프며 낳기는 마찬가지라면서 태평으로 있더라는 것이었다.

권 씨는 여전히 일자리를 구하지 못한 채였다. 일정한 직장이 없으면서도 아침만 되면 출근 복장을 차리고 뻔질나게 밖으로 나가곤 했다. 몸에 붙인 기술도, 그렇다고 타고난 뚝심도 없으면서 계속해서 공사판 같은 데 나가 막일을 하는 눈치였다. "동주 운아, 노올자아!" 하고 둘이 합창하듯이 길게 외치면서 일단 안방까지 들어오는 데 성공한 권 씨의 아이들은 끼니 때가 되어도 막무가내로 버티면서 문간방으로 돌아가지 않는 적이 자주 있게 되었다. 문간방의 사정이 심상치 않다는 징조였다. 그렇다고 권 씨나 권 씨 부인이 우리에게 터놓고 도움을 청한 적은 한 번도 없었다. ㉢ 다만 우리로 하여금 그런 꼴을 목격하고도 도울 마음을 먹지 않으면 도무지 인간이 아니게시리 상황을 최악의 선까지 잠자코 몰고 갈 뿐이었다. 애당초 이순경이 기대했던 그대로 산타클로스 비슷한 꼴이 되어 쌀이나 연탄 따위를 슬그머니 문간방 부엌에다 넣어 주고 온 날 저녁이면 아내는 분하고 억울해서 밥도 제대로 못 먹었다. 임부나 철부지 애들을 생각한다면 그까짓 알량한 선심쯤 아무렇지도 않다는 주장이었다. 하지만 제게 딸린 처자식조차 변변히 건사 못 하는 한 얼간이 사내한테까지 자기 선심의 일부나마 미칠 일을 생각하면 괘씸해서 잠이 안 올 지경이라고 생병을 앓았다. 권 씨가 여간내기 아니라고 속삭이던 게 엊그제인 걸 벌써 잊고 아내는 셋방 잘못 내줬다고 두고두고 자탄하는 것이었다.

남편이 여전히 벌이가 시원찮은 상태에서 권 씨 부인은 어언 해산의 날을 맞게 되었다. 진통이 시작된 지 꽤 오래되는 모양이었다. 아내의 귀띔으로는 점심 무렵이 지나서부터 그런다고 했다. 학교에서 돌아와 저녁을 먹다가 나는 문간방에서 울리는 괴상한 소리를 들었다. 처음에는 되게 몸살을 하듯이 끙끙 앓는 소리로 시작되었다. 그러다가 느닷없이 몸의 어딘가에 깊숙이 칼이라도 받는 양 한 차례 처절하게 부르짖고는 이내 도로 잠잠해지곤 하면서 이러기를 몇 번이고 되풀이하는 것이었다. 나로서는 그것이 방을 세내 준 이후로 처음 듣는 권씨 부인의 목소리였다.

"당신이 한번 권 씰 설득해 보세요. 제가 서너 번 얘길 했는데두 무슨 남자가 실실 웃기만 하믄서 그저 염려 없다구만 그러네요."

병원 얘기였다.

"권 씨가 거절하는 게 아니고 돈이 거절하는 거겠지."

아내는 진즉부터 해산 준비가 전혀 되어 있지 않음을 더러는 흉보고 또 더러는 우려해 왔었다.

"남산만이나 한 배를 갖구서 요즘 세상에 그래 앨 집에서, 그것도 산모 혼잣힘으로 낳겠다니, 아무래두 꼭 무슨 일이 터질 것만 같아요. 달이 다 차도록 기저귓감 하나 장만 않는 여편네나 조산원 하나 부를 돈도 마련이 없는 사내나 어쩜 그리 짝짜꿍인지!"

서둘러 식사를 끝내고 나서 나는 권 씨를 마당으로 불러냈다. 듣던 대로 권 씨는 대뜸 아무 염려 말라면서 실실 웃었다. 마치 곤경에 빠진 나를 극진히 위로해 주는 투였다.

"둘째 때도 마누라 혼자서 거뜬히 해치웠거든요."

"우리가 염려하는 건 권 선생네가 아니라 바로 우리를 위해 서요. 물론 그럴 리야 없겠지만 만의 일이라도 일이 잘못될 경우 난 권 선생을 원망하겠소."

작자가 정도 이상으로 느물거린다 싶어 나는 엔간히 모진 소리를 남기고는 방으로 들어와 버렸다.

- 윤흥길, 「아홉 켤레의 구두로 남은 사내」-

32. ㉠~㉢에 대한 설명으로 가장 적절한 것은? ②

① ㉠은 '나'의 경험에 대한 분석 내용을 제시하고 있다.
② ㉡은 '아내'의 말을 통해 다른 인물의 상황을 나타내고 있다.
③ ㉢은 '나'가 관찰하고 있는 인물들의 내면을 묘사하고 있다.
④ ㉠과 ㉢은 '나'와 인물들 간의 외적 갈등을 제시하고 있다.
⑤ ㉡과 ㉢은 인물들을 바라보는 '나'의 긍정적 시선을 드러내고 있다.

∴ 정리하자면, 기호[㉠~㉢ 혹은 ⓐ~ⓔ]로 지문의 일부이기 때문에

step1 인용 지문 부분[기호]과 평가요소를 중심으로 나누고
　　　선택지 중 지문인용 부분 / 선택지 중 평가요소 　　　 ---- 나누고

step2 인용 지문 부분을 삭제하고

선택지 중 지문인용 부분[기호] / 선택지 중 평가요소   ---- 삭제하고

step3 인용 지문 부분과 평가요소를 연결해서 판단하자!

지문요소[기호] = 선택지 중 평가요소
└─────정답 확인]─┘   ---- 연결성(일치여부 확인) / 묶자!

step을 적용해 보면,

① ㉠은 / '나'의 경험에 대한 분석 내용을 제시하고 있다.

지문요소 : ㉠[=나는 그날 밤 디킨즈와 램의 궁둥이를 번갈아 걷어차는 꿈을 꾸었다]

정답 판단 : 평가요소인 ㉠에 대한 설명 즉, '나'의 경험에 대한 분석 내용을 제시한 내용
과 지문을 연결[지문 근거 법칙]해 보면 '나'의 꿈에 대한 분석 내용은 나타
나지 않는다.

② ㉡은 / '아내'의 말을 통해 다른 인물의 상황을 나타내고 있다.

지문요소 : ㉡[=예정일도 모르더라면서 아내는 낄낄낄 웃었다.]

정답 판단 : '아내'가 '권 씨 부인'이 예정일도 모른다는 상황을 핀잔하는 모습을 통해 알
수 있다.

③ ㉢은 / '나'가 관찰하고 있는 인물들의 내면을 묘사하고 있다.

지문요소 : ㉢[=다만 우리로 하여금 그런 꼴을 목격하고도 도울 마음을 먹지 않으면 도무
지 인간이 아니게시리 상황을 최악의 선까지 잠자코 몰고 갈 뿐이었다.]

정답 판단 : '나'가 생각하는 것일 뿐 '권 씨나 권 씨 부인'의 내면이라고 볼 수 없다.

④ ㉠과 ㉢은 / '나'와 인물들 간의 외적 갈등을 제시하고 있다.

지문요소 : ㉠, ㉢과 관련이 없음.

정답 판단 : 외적 갈등은 제시되지 않는다.

⑤ ㉡과 ㉢은 / 인물들을 바라보는 '나'의 긍정적 시선을 드러내고 있다.

지문요소 : ㉡, ㉢

정답 판단 : 나의 긍정적 시선이 드러나지 않는다.

2. 실전 문항

[실전 문항 1]

* 다음 글을 읽고 물음에 답하시오.[2018학년도 11월]

┌─ 왕비가 웃으며 말했다.

"부인이 이곳에 오긴 오겠지만 아직 때가 멀었소. 남해 도인이 그대와 인연이 있으니 잠깐 의탁하게 될 것이오. 이 또한 하늘의 뜻이니라."

사 씨가 여쭈었다.

[①] "남해라면 바다 끝으로 알고 있사옵니다. 첩에게는 탈 것이 없고 돈도 없는데 어찌 갈 수 있겠나이까?"

왕비가 말했다.

└─ "조만간 길을 인도하는 자가 있을 것이니 조금도 **염려** 마라." 이윽고 좌우에 앉아 있는 부인들을 하나하나 소개했다. 위국 부인 장강*, 한나라의 반첩여* 등이 있었다. 사 씨가 다소곳이 일어나 머리를 조아리고 말했다.

"뜻밖에도 모든 부인님의 얼굴을 오늘 뵙게 되니 크나큰 영광입니다."

드디어 하직을 하고 여동의 인도를 받아 내려오는데, 걷었던 주렴을 내리는 소리가 요란하였다. 이 소리에 놀라 몸을 일으키니 유모와 시비가 부인이 깨신다 하고 부르거늘 사 씨가 일어나 앉으니 이미 날이 저물었다. 멍한 정신이 한참 만에야 진정되었다. 입에서는 향기로운 냄새가 났고 왕비께서 하시던 말씀이 뚜렷했다. 유모에게 물었다.

┌─ "내가 어디 갔다 왔느냐?"

유모와 시비가 대답했다.

"부인께서 기절하는 바람에 소인들이 간호하여 이제야 깨어나셨는데 어디를 가셨단 말입니까?"

[②] 사 씨가 조금 전에 있었던 일을 다 말하고 대나무 수풀을 가리키며 말했다.

"분명히 저 길로 갔다 왔으니 어찌 꿈이라 하리오. 믿지 못하겠다면 나를 따라오라."

그러고는 길을 찾아 대나무 수풀 뒤쪽으로 가니 사당이 하나 있었다. 현판이 걸

└─ 려 있는데 **황릉묘***라고 쓰여 있었다. 분명 아황과 여영, 두 왕비의 묘로 꿈에서 본 것과 같았다. 사당 안으로 들어가 살펴보니 두 왕비의 초상화가 걸려 있는데 꿈에서 본 것과 같았다. 이에 사 씨가 향을 피우고 절하며 말했다.

"첩이 왕비의 가르치심을 입어 훗날 좋은 시절을 만나서 영화를 누리게 된다면 어

찌 그 은혜를 잊으리까?"

분향을 마친 후 앉아서 신세를 생각하니 슬픔이 밀려왔다.

시비를 시켜 묘지기 집에 가서 밥을 구해 와서는 세 사람이 나누어 먹었다. 이윽고 사 씨가 말했다.

"의지할 곳이 없으니 신령이 나를 놀리시는구나."

앞길이 막막하여 어쩔 줄 모르는 중 벌써 달이 밝았다. 세 사람이 방황하고 있는데 묘문으로 두 사람이 들어와 물었다.

"어려움을 만나 물에 빠지려 하시는 부인이 아니옵니까?"

[③] 사 씨가 눈을 들어 자세히 보니 한 명은 여승이고 다른 한 명은 여동이었다. 크게 놀라며 말했다.

"어찌 우리를 아는가?"

여승이 합장하고 말했다.

"우리는 동정 군산에 사는 사람인데 조금 전 꿈결에 관음보살께서 어진 여자가 화를 만나 날이 저물어 갈 곳을 몰라 방황하니 급히 황릉묘로 가서 구하라고 하셨습니다. 이에 배를 저어 와서 부인을 만나게 되었습니다."

(중략)

한편 한림학사 유연수는 유배지에 도착하니 바람이 거세고 인심이 사나워 갖은 고초를 겪게 되었다. 외로운 가운데 이러한 고생을 하니 예전의 총명함이 점점 돌아와 뉘우치며 말했다.

[④] "사 씨가 동청을 꺼렸는데 이제 와서 생각하니 그 말이 옳도다.
어진 아내를 의심했으니 무슨 면목으로 조상을 대하리오."

밤낮 이런 생각을 하면서 탄식하니 병에 걸리고 말았다. 이곳에는 마땅한 의약이 없었다. 병세는 날로 심해져 죽을 지경에 이르렀다. 하루는 흰 옷 입은 노파가 병(瓶)을 들고 와서 말했다.

[⑤] "상공의 병이 위독하니 이 물을 먹으면 좋아지리라."

한림이 물었다.

"그대는 누구인데 유배당한 사람의 병을 구하시오?"

노파가 말했다.

"나는 동정 군산에 사는 사람이로다."

그러고는 병을 뜰 가운데 놓고 사라졌다. 한림이 놀라 일어나니 꿈이었다. 이상하게 생각했는데 다음날 아침 하인이 뜰을 청소하다가 들어와 고했다.

"뜰에서 물이 솟아나옵니다."

한림이 이상하게 여겨 창을 열고 보니 꿈에 노파가 병을 놓았던 자리였다. 물을 한 그릇 떠오라고 해서 마시니 맛이 달고 상쾌한 것이 마치 단 이슬을 먹은 것

[⑤] 같았다. 원래 행주는 수질이 좋지 않은 곳이다. 한림의 병도 그렇게 좋지 않은 물 때문에 생긴 것이었다. 그런데 이 물을 먹은 즉시 병세가 사라지고 예전의 얼굴과 기력을 회복하였다. 그것을 본 사람들이 모두 신기하게 여겼다.

이후로도 그 샘은 마르지 않아 마을 사람들이 나누어 마셨다. 이로 인해 물로 인한 병이 없어지자 사람들이 그 샘을 학사정이라고 하였는데 지금까지 전해진다.

- 김만중, 「사씨남정기」-

* 장강 : 춘추 전국 시대 위나라 장공의 아내.
* 반첩여 : 한나라 성제의 후궁.
* 황릉묘 : 순임금의 두 왕비인 아황과 여영을 추모하기 위해 세운 사당.

23. 윗글의 내용에 대한 이해로 적절하지 **않은** 것은?

① '사 씨'는 꿈에서 '왕비'로부터 '남해 도인'과 인연이 있어 바다 끝으로 향할 여정이 예비되어 있음을 들었다.

② '사 씨'가 기절한 사이 '유모'는 황릉묘에 가서 '사 씨'를 깨울 방도를 찾아 왔다.

③ '사 씨'는 묘에서 만난 '여승'의 말을 통해 여승 일행이 찾아 온 연유를 알게 되었다.

④ '유 한림'은 전에 '동청'을 꺼렸던 '사 씨'의 말을 받아들이지 않고 '사 씨'를 의심했었다.

⑤ '마을 사람들'은 '유 한림'의 사례를 보고 수질 탓에 생긴 병을 없앨 방도를 찾을 수 있었다.

[실전 문항 2]

* 다음 글을 읽고 물음에 답하시오. [2018학년도 9월]

(가)

　　만금 같은 너를 만나 백년해로하잤더니, 금일 이별 어이하리! 너를 두고 어이 가잔 말이냐? 나는 아마도 못 살겠다! 내 마음에는 어르신네 공조참의 승진 말고, 이 고을 풍헌(風憲)만 하신다면 이런 이별 없을 것을, 생눈 나올 일을 당하니, 이를 어이한단 말인고? 귀신이 장난치고 조물주가 시기하니, 누구를 탓하겠냐마는 속절없이 춘향을 어찌할 수 없네![선택지①] 네 말이 다 못 될 말이니, 아무튼 잘 있거라!

　　춘향이 대답하되, 우리 당초에 광한루에서 만날 적에 내가 먼저 도련님더러 살자 하였소? 도련님이 먼저 나에게 하신 말씀은 다 잊어 계시오? 이런 일이 있겠기로 처음부터 마다하지 아니하였소?[선택지②] 우리가 그때 맺은 금석 같은 약속 오늘날 다 허사로세! 이리해서 분명 못 데려가겠소? 진정 못 데려가겠소? 떠보려고 이리하시오? 끝내 아니 데려가시려 하오? 정 아니 데려가실 터이면 날 죽이고 가오!

　　그렇지 않으면 광한루에서 날 호리려고 명문(明文) 써 준 것이 있으니, 소지(所志) 지어 가지고 본관 원님께 이 사연을 하소연하겠소. 원님이 만일 당신의 귀공자 편을 들어 패소시키면, 그 소지를 덧붙이고 다시 글을 지어 전주 감영에 올라가서 순사또께 소장(訴狀)을 올리겠소. 도련님은 양반이기에 편지 한 장만 부치면 순사또도 같은 양반이라 또 나를 패소시키거든, 그 글을 덧붙여 한양 안에 들어가서, 형조와 한성부와 비변사까지 올리면 도련님은 사대부라 여기저기 청탁하여 또다시 송사에서 지게 하겠지요. 그러면 그 판결문을 모두 덧보태어 똘똘 말아 품에 품고 팔만장안 억만가호마다 걸식하며 다니다가, 돈 한 푼씩 빌어 얻어서 동이전에 들어가 바리 뚜껑 하나 사고, 지전으로 들어가 장지 한 장 사서 거기에다 언문으로 상언(上言)을 쓸, 마음속에 먹은 뜻을 자세히 적어 이월이나 팔월이나, 동교(東郊)로나 서교(西郊)로나 임금님이 능에 거동하실 때, 문밖으로 내달아 백성의 무리 속에 섞여 있다가, 용대기(龍大旗)가 지나가고, 협련군(挾輦軍)의 자개창이 들어서며, 붉은 양산이 따라오며, 임금님이 가마나 말 위에 당당히 지나가실 제, 왈칵 뛰어 내달아서 바리뚜껑 손에 들고, 높이 들어 땡땡하고 세 번만 쳐서 억울함을 하소연하는 격쟁(擊錚)을 하오리다! 애고애고 설운지고!

　　그것도 안 되거든, 애쓰느라 마르고 초조해하다 죽은 후에 넋이라도 삼수갑산 험한 곳을 날아다니는 제비가 되어 도련님계신 처마에 집을 지어, 밤이 되면 집으로 들어가는 체하고 도련님 품으로 들어가 볼까! 이별 말이 웬 말이오?[선택지③]

　　이별이란 두 글자 만든 사람은 나와 백 년 원수로다! 진시황이 분서(焚書)할 때 이별 두 글자를 잊었던가? 그때 불살랐다면 이별이 있을쏘냐? 박랑사(博浪沙)*에서 쓰고 남은 철퇴를 천하장사 항우에게 주어 힘껏 둘러메어 이별 두 글자를 깨치고 싶네![선택지④] 옥황전에 솟아올라 억울함을 호소하여, 벼락을 담당하는 상좌가 되어 내려와 이별 두 글자를 깨치고 싶네![선택지 ⑤]

- 작자 미상, 「춘향전」-

33. (가)에 대한 이해로 적절하지 <u>않은</u> 것은?

① '도련님'은 이별의 상황이 자신의 입장에서는 불가피한 것임을 드러내고 있다.

② '춘향'은 '도련님'을 처음 만날 때부터 이별의 상황을 우려하였음을 말하고 있다.

③ '춘향'은 '도련님' 곁에 머물고 싶은 마음을 자연물에 의탁하여 드러내고 있다.

④ '춘향'은 고사를 활용하여 자신의 상황이 역사적 사건과 관련되어 있음을 말하고 있다.

⑤ '춘향'은 천상의 존재에게 억울함을 전하는 상황을 설정하여 자신의 감정을 드러내고 있다.

[실전 문항 3]

* 다음 글을 읽고 물음에 답하시오.[2017학년도 6월]

"누가 돈 쓰는 것을 아랑곳하랬나? 누가 저더러 돈을 쓰라니 걱정인가? 내 돈 가지고 내가 어떻게 쓰든지……."

"아버지께서 하시는 일에……."

조금 뜸하여지며 부친이 쌈지를 풀어서 담배를 담는 동안에 상훈이는 나직이 말을 꺼냈다.

"……돈 쓰신다고만 하는 것도 아닙니다마는 어쨌든 공연한 일을 만들어 내는 사람들이 첫째 잘못이란 말씀입니다."

"무에 어째 공연한 일이란 말이냐?"

부친의 어기는 좀 낮추어졌다.

"대동보소만 하더라도 족보 한 질에 오십 원씩으로 매었다 하니 그 오십 원씩을 꼭꼭 수봉하면 무엇 하자고 삼사천 원이 가외로 들겠습니까?"

"삼사천 원은 누가 삼사천 원 썼다던?"

영감은 아들의 말이 옳다고는 생각하였으나 실상 그 삼사천 원이란 돈이 족보 박이는 데에 직접으로 들어간 것이 아니라 ×× 조씨로 무후(無後)한 집의 계통을 이어서 일문일족에 끼려 한즉 군식구가 늘면 양반에 진국이 묽어질까 보아 반대를 하는 축들이 많으니까 그 입들을 씻기기 위하여 쓴 것이다. 하기 때문에 난봉자식이 난봉 피운 돈 액수를 줄이듯이 이 **영감도 실상은 한 천 원 썼다고 하는 것이다. 중간의 협잡배는 이런 약점을 노리고 우려 쓰는 것이지만 이 영감으로서 성한 돈 가지고 이런 병신 구실해 보기는 처음이다.[선택지 ①]**

"그야 얼마를 쓰셨던지요. 그런 돈은 좀 유리하게 쓰셨으면 좋겠다는 말씀입니다."

'재하자 유구무언(在下者 有口無言)'의 시대는 지났다 하더라도 노친 앞이라 말은 공손했으나 속은 달았다.

"어떻게 유리하게 쓰란 말이냐? 너같이 오륙천 원씩 학교에 디밀고 제 손으로 가르친 남의 딸자식 유인하는 것이 유리하게 쓰는 방법이냐?"[선택지 ②]

아까부터 상훈이의 말이 화롯가에 앉아서 폭발탄을 만지작거리는 것 같아서 위태위태하더라니 겨우 간정되려던 영감의 감정에 또 불을 붙여 놓고 말았다.

상훈이는 어이가 없어서 얼굴이 벌게진다.

[중략 부분의 줄거리] 조 의관(덕기의 조부)이 죽고, 덕기가 재산 상속자가 된다. 조 의관의 유산 목록에 정미소가 없었다는 것을 안 상훈은 정미소를 차지하려고 한다. 한

편 상훈은 세간 값을 적은 종이들을 덕기에게 보내 값을 치르라고 한다.

"어제 그건 봤니?"

부친이 비로소 말을 붙이나 아들은 다음 말을 기다리고 가만히 앉았다.

"치를 수 없거든 거기 두고 가거라."

역정스러운 목소리나 여자 손이 많은데 구차스럽게 세간 값으로 부자 충돌을 하는 꼴을 보이기 싫기 때문에 아들의 입을 미리 막으려는 것이다.

"안 치러 드린다는 것은 아닙니다마는……."

덕기는 너무 오래 잠자코 있을 수 없어서 말부리만 따고 또 가만히 고개를 떨어뜨리고 앉았다. 그러나 복통이 터져서 속은 끓었다. 속에 있는 말이나 시원스럽게 하고 싶으나 부친 앞에서, 더구나 조인광좌(稠人廣座)* 중에서 그럴 수도 없다.

"이 판에 용이 이렇게 과하시면 어떡합니까. 여간한 세간 나부랭이야 저 집에 안 쓰고 굴리는 것만 갖다 놓으셔도 넉넉할 게 아닙니까?"

안방 치장 하나에 천여 원 돈을 묶어서 들인다는 것은 생돈 잡아먹는 것 같고, 누가 치르든지 간에 어려운 일이다.[선택지 ④]

"이 판이 무슨 판이란 말이냐? 그 따위 아니꼬운 소리할 테거든 그거 내놓고 어서 가거라. 안 쓰고 굴리는 세간은 너나 쓰렴!"

영감은 자식에게라도 좀 점해서* 그런지 화만 버럭버럭 내고 호령이다.

"할아버지께서 산소에 돈 쓰신다고 반대하시던 걸 생각하시기로……."[선택지 ③]

"무어 어째? 널더러 먹여 살리라니? 걱정 마라. 아니꼽게 네가 무슨 총찰이냐? 그러나 정미소 장부는 이따라도 내게로 보내라."

부친은 이 말을 하려고 트집을 잡는 것이었다.

"정미소 아니라 모두 내놓으라셔도 못 드릴 것은 아닙니다마는, 늘 이렇게만 하시면야 어디 드릴 수 있겠습니까?"

"드릴 수 있고 없고 간에, 내 거는 내가 찾는 게 아니냐?"

"왜 그렇게 말씀을 하셔요. 제게 두시면 어디 갑니까?"[선택지 ⑤]

"이놈 불한당 같은 소리만 하는구나? 돈 천도 못 되는 것을 치러 줄 수 없다는 놈이 무어 어째?"

부친은 신경질이 일어났는지 별안간 달려들더니 주먹으로 뺨을 갈기려는 것을 덕기가 벌떡 일어서니까 주먹이 어깨에 맞았다. 병적인지 벌써 망녕인지는 모르겠으나 점점 흥분하게 해서는 아니 되겠다 하고 마루로 피해 나와 버렸다.

그러나 금시로 정이 떨어지는 것 같고, 그 속에 앉은 부친은 딴 세상 사람같이 생각이 들었다. 신앙을 잃어버리고 사회적으로 활약할 야심이나 희망까지 길이 막히고 보면야, 생활이 거칠어 가는 수밖에는 없을 것이라고 동정도 하는 한편인데, 이미 신앙을 잃어버린 다음에야 가면을 벗어 버리고 파탈하고 나서는 것도 오히려 나은 일이라고도 하겠으나, 노래(老來)에 이렇게도 생활이 타락하여갈까 하고, 덕기는 부친에게 반항하기보다도 다만 혼자 탄식을 하는 것이었다.

- 염상섭, 「삼대」 -

* 조인광좌 : 여러 사람이 빽빽하게 많이 모인 자리.
* 점해서 : 부끄럽고 미안해서.

39. 윗글에 대한 이해로 적절하지 <u>않은</u> 것은?

① 상훈의 부친은 족보를 만드는 데에 '한 천 원'이 들었다며 다행이라 여기고 있다.
② 상훈의 부친은 상훈이 '오륙천 원'을 학교에 '디밀'었던 것은 돈을 '유리하게' 쓴 것이 아니라고 본다.
③ 상훈은 자신의 부친이 '산소'에 '돈'을 쓰는 것에 동의하지 않았다.
④ 덕기는 '세간 값'으로 치러야 하는 돈을 낭비라고 생각한다.
⑤ 덕기는 집안의 재산이 낭비되지 않게 하기 위해 '정미소 장부'를 내놓지 않으려 한다.

[실전 문항 4]

* 다음 글을 읽고 물음에 답하시오.[2019학년도 6월]

(나)

이 몸이 녹아져도 옥황상제 처분이오

이 몸이 싀여져도 옥황상제 처분이라

녹아지고 싀여지어 혼백(魂魄)조차 흩어지고

공산(空山) 촉루(髑髏)*같이 임자 업시 구닐다가

곤륜산(崑崙山) 제일봉의 만장송(萬丈松)이 되어 이셔

바람비 뿌린 소리 님의 귀에 들리기나

윤회(輪廻) 만겁(萬劫)ᄒᆞ여 금강산(金剛山) 학(鶴)이 되어

일만 이천봉에 ᄆᆞ음껏 솟아올라

ᄀᆞ을 둘 ᄇᆞᆰ근 밤에 두어 소리 슬피 우러

님의 귀에 들리기도 옥황상제 처분이로다

흔(恨)이 뿌리 되고 눈물로 가지 삼아

님의 집 창밧긔 외나모 매화(梅花) 되어

설중(雪中)에 혼자 피어 침변(枕邊)*에 시드는 듯

월중(月中) 소영(疏影)*이 님의 옷에 빗취어든

어엿븐 이 얼굴을 너로다 반기실가

동풍이 유정(有情)ᄒᆞ여 암향(暗香)을 불어 올려

고결(高潔)ᄒᆞᆫ 이내 생애 죽림(竹林)에나 부치고져

빈 낙대 빗기 들고 빈 ᄇᆡ를 혼자 띄워

백구(白溝) 건네 저어 건덕궁(乾德宮)에 가고지고

- 조위, 「만분가」-

* 공산 촉루 : 텅 빈 산의 해골.

* 침변 : 베갯머리.

* 월중 소영 : 달빛에 언뜻언뜻 비치는 그림자.

33. (나)에 대한 감상으로 적절하지 <u>않은</u> 것은?

① '임자 업시 구닐'던 '이 몸'이 '학'이 되어 솟아오르게 함으로써 상승의 이미지를 구현하고 있다.

② '만장송'과 '매화'라는 소재를 활용하여 임을 향한 화자의 마음을 표상하고 있다.

③ '바람비 뿌린 소리'와 '두어 소리'의 청각적 이미지를 활용하여 임에게 알리고 싶은 화자의 심정을 나타내고 있다.

④ '매화'의 '뿌리'와 '가지'를 활용하여 '혼'의 정서를 형상화하고 있다.

⑤ 'ᄀ을 둘 붉근 밤'과 '월중'이라는 시간적 배경을 통해 임과 재회한 순간을 드러내고 있다.

* 다음 글을 읽고 물음에 답하시오.[2020학년도 9월]

지욱은 차츰 선생의 그런 신념이 두려워지기 시작했다. 지욱의 이해와 능력으로는 감당할 수 없는 어떤 무거운 압박감이 그를 못 견디게 짓눌러 왔다. 믿음이 논리를 초월할 수도 있다고는 했지만 그러나 논리적인 이해가 불가능한 신념은 맹목적인 아집에 그칠 위험성이 있었다. 뿐만 아니라 그 자신감이 넘치고 있는 선생의 신념은 털끝만큼한 자기 회의마저 용납을 하지 않고 있었다. 회의가 없는 신념은 맹목적인 자기 독단에 흐를 위험 또한 큰 것이었다. 그리고 무엇보다도 그것은 지욱이 그에게 소망해 온 어떤 감동적인 자서전적 인물상 으로는 치명적인 결함일 수 있었다. 회의가 없는 자서전이야말로 영락없이 한 거인의 동상에 불과할 뿐이었다. 지욱이 최상윤의 신념을 두려워한 것은 그 자신 최상윤 선생에게서와 같은 어떤 의식의 경화 현상을 싫어해 온 성격 이외에도, 그와 같은 위험성을 어슴푸레 느끼고 있었기 때문이다. 하나 그보다도 지욱이 더더욱 그 선생의 신념을 두려워한 것은 그의 너무나도 일사불란한 언동이나 생활 방식에서 오히려 어떤 씻을 수 없는 가식의 냄새를 맡고 있었기 때문이다. 사람이 도대체 이럴 수가 있을까. 한 인간의 생애에서 이처럼이나 말끔하게 후회나 의구가 없을 수 있단 말인가. 이 깐깐하고 결백스런 노인에게서라도 어찌 따뜻한 아랫목과 좋은 음식에 대한 바람이 전혀 없을 수 있단 말인가. 아무리 엄격한 극기의 세월이었던들 그것이 어찌 감히 사람의 가장 사람다운 욕망까지를 송두리째 근멸시켜 버릴 수가 있단 말인가. 이 노인은 어찌하여 그것을 끝끝내 시인하려 들지 않고 있는 것인가. 그것이 진실로 그의 부끄러움이 될 수는 없단 말인가 ―

(중략)

"이거 아무리 맘에 없는 웃음을 팔아먹고 사는 무식쟁이라고 누구한테 지금 설교를 하려는 거야 뭐야, 건방지게. 그래 내가 지금 당신 같은 위인의 신세 하소연이나 듣자고 이런 델 찾아온 줄 알아? 그렇게 내가 한가한 사람으로 보이느냐 말야. 왜 내 일을 안 하겠다는 건지 그걸 말해 보라는 거야. 이유를 ……"

"아니, 그런 게 아니라 ……"

갑자기 반말 투로 윽박질러 오는 피문오 씨의 어조에 지욱은 새삼 가슴이 내려앉는 표정이었으나, 이미 본색을 드러내기 시작한 피문오 씨의 행패는 걷잡을 수가 없을 지경이었다.

"그게 아니라니? 아니 이거 당신 정말 이런 식으로 날 바보취급하고 나설 테야? 당신 눈엔 정말로 내가 그렇게 얼렁뚱땅 되잖은 소리로도 그냥 넘어갈 것 같아 보인 모양이지? 그래, 뭐가 어째? 내 일을 하지 않게 된 게 내 탓이 아니구 당신의 그 알량한 양심 때문이라구? 내가 그래 그 알량한 당신의 양심에 들러리라도 서야 한다는 거야 뭐야. 업어치나 메치나 그게 그놈 아들놈 같은 소릴 가지고, 정 내게 말재간을 한번 부려 보고 싶어서 이래? 당신 눈엔 이 피문오가 그래 그만 말귀도 못 알아들을 바보 멍청이로만 보이느냔 말야? 내 아까부터 참자 참자하다 보니 이 친구 아주 형편없이 맹랑한 데가 있는 작자로구만 그래."

피문오 씨는 이제 스스로도 분을 참을 수 없게 된 것 같았다. 벌건 얼굴에 튀어나올 듯 두 눈알을 부라려 대면서 장갑을 몰아 쥔 한쪽 손을 피스톤처럼 마구 지욱의 턱 앞으로 내질러 대고 있었다.

지욱은 그만 기가 콱 질리고 말았다. 무슨 말을 할래도 목이 말라 소리가 되어 나오질 않았다. 그는 부들부들 떨려 오는 두 다리를 간신히 버티고 선 채 절망적인 눈초리로 피문오 씨의 폭풍우 같은 수모를 고스란히 견디고 있었다.

불현듯 최상윤 선생의 일이 이 처참스런 곤욕을 견뎌 낼 수 있는 어떤 서광처럼 머릿속으로 떠올라 왔다. 최상윤 선생과의 약속이 그의 참을성에는 상당한 힘을 보태기 시작했다. 이런 자의 자서전 따윌 대필하려 했다니! 최상윤 선생과 같은 분에게 조차 내 주관을 굽힐 수 없었던 이 지욱이 아닌가. 이런 자의 책을 쓰면서 그의 밑구멍을 핥느니 차라리 선생의 발밑에라도 나가 엎드려 선생의 신념을 찬미함이 낫지 않으냐. 참자! 작자의 일을 피하자면 이쯤 굴욕은 즐거이 참아 넘기자. 참아서 넘겨야 한다 —

하지만 피문오 씨는 그 정도로는 물론 분통이 풀릴 수가 없는 모양이었다.

"어디 선생! 말씀을 좀 해 보시라구. 아니 글에서는 그처럼 잘난 체 말이 많더니, 제 잘난 소리나 시부렁거릴 줄 알았지 선생도 남의 말을 알아듣는 덴 귀가 꽉 멀어 버리셨나. 왜 통 대답이 없으셔? 그렇담 내가 좀 더 수고를 해 주실까? 어째서 내 일을 하지 않게 되었느냐, 내 일을 하기가 싫어졌느냐 ……

그 이율 좀 더 솔직하게 말해 달라 이거야. 이 무식한 놈도 좀 분명하게 알아듣고 납득이 가게끔 말씀이야. 알아들어?

그래도 못 알아들으시겠다면 내 좀 더 똑똑히 말을 해 줄까?"

묵묵히 입을 다물고 있는 지욱을 마음 내키는 대로 매도해대다 말고 피문오 씨는 무슨 생각을 해 냈는지 갑자기 목을 잔뜩 가다듬었다. 그리고는 청승맞도록 능청스런 목소리로 허공을 향해 외쳐 대기 시작했다.

"고장 난 시계나 라디오들 고칩시다아 — 채권 삽니다아 — 부서진 우산이나 빈 병 삽니다아 — 자서전이나 회고록들 쓰십시다아 —"

고저단속(高低斷續)을 적당히 조화시켜 가며 길게 외쳐 대고 난 피문오 씨가 이젠 좀 알아듣겠느냐는 듯 여유만만한 표정으로 지욱을 이윽히 건너다보았다.

- 이청준, 「자서전들 쓰십시다」-

45. ⓐ에 대해 이해한 내용으로 가장 적절한 것은?

① 피문오는 지욱이 생각하는 자서전의 가치를 폄하하여 지욱을 우롱하고 있다.

② 피문오가 자서전을 상품으로 팔기 위한 방법을 지욱에게 직접 보여 주고 있다.

③ 피문오가 '잘난 소리'를 하는 지욱에게 자신은 '무식한 놈'이 아님을 과시하고 있다.

④ 피문오가 자서전 쓰기를 더 많은 사람들에게 권해야 한다고 지욱에게 요청하고 있다.

⑤ 피문오는 지욱의 자서전 쓰기에 소재를 제공하고자 '맘에 없는 웃음을 팔아먹'어 왔던 자신의 직업적 능력을 발휘하고 있다.

제3법칙 : 정답 해설

[실전 문항 1]

* 다음 글을 읽고 물음에 답하시오.[2018학년도 11월]

23. 윗글의 내용에 대한 이해로 적절하지 <u>않은</u> 것은? ②

① '사 씨'는 꿈에서 '왕비'로부터 '남해 도인'과 인연이 있어 바다 끝으로 향할 여정이 예비되어 있음을 들었다.

② '사 씨'가 기절한 사이 '유모'는 황릉묘에 가서 '사 씨'를 깨울 방도를 찾아 왔다.

③ '사 씨'는 묘에서 만난 '여승'의 말을 통해 여승 일행이 찾아 온 연유를 알게 되었다.

④ '유 한림'은 전에 '동청'을 꺼렸던 '사 씨'의 말을 받아들이지 않고 '사 씨'를 의심했었다.

⑤ '마을 사람들'은 '유 한림'의 사례를 보고 수질 탓에 생긴 병을 없앨 방도를 찾을 수 있었다.

[적용]

① '사 씨'는 꿈에서 '왕비'로부터 '남해 도인'과 인연이 있어 바다 끝으로 향할 여정이 예비되어 있음을 들었다.

지문요소 : 왕비가 웃으며 말했다.

　　　"부인이 이곳에 오긴 오겠지만 아직 때가 멀었소. 남해 도인이 그대와 인연이 있으니 잠깐 의탁하게 될 것이오. 이 또한 하늘의 뜻이니라."

　　　사 씨가 여쭈었다.

　　　"남해라면 바다 끝으로 알고 있사옵니다. 첩에게는 탈 것이 없고 돈도 없는데 어찌 갈 수 있겠나이까?"

　　　왕비가 말했다.

　　　"조만간 길을 인도하는 자가 있을 것이니 조금도 염려 마라."

정답 판단 : 지문 요약 인용이 일치함.

② '사 씨'가 기절한 사이 '유모'는 황릉묘에 가서 '사 씨'를 깨울 방도를 찾아 왔다.

지문요소 : "내가 어디 갔다 왔느냐?"

유모와 시비가 대답했다.

"부인께서 기절하는 바람에 소인들이 간호하여 이제야 깨어나셨는데 어디를 가셨단 말입니까?"

사 씨가 조금 전에 있었던 일을 다 말하고 대나무 수풀을 가리키며 말했다.

"분명히 저 길로 갔다 왔으니 어찌 꿈이라 하리오. 믿지 못하겠다면 나를 따라오라."

그러고는 길을 찾아 대나무 수풀 뒤쪽으로 가니 사당이 하나 있었다. 현판이 걸려 있는데 황릉묘*라고 쓰여 있었다.

정답 판단 : 지문 요약 인용이 일치하지 않음.

③ '사 씨'는 묘에서 만난 '여승'의 말을 통해 여승 일행이 찾아 온 연유를 알게 되었다.

지문요소 : 사 씨가 눈을 들어 자세히 보니 한 명은 여승이고 다른 한 명은 여동이었다.

크게 놀라며 말했다.

"어찌 우리를 아는가?"

여승이 합장하고 말했다.

"우리는 동정 군산에 사는 사람인데 조금 전 꿈결에 관음보살께서 어진 여자가 화를 만나 날이 저물어 갈 곳을 몰라 방황하니 급히 황릉묘로 가서 구하라고 하셨습니다. 이에 배를 저어 와서 부인을 만나게 되었습니다."

정답 판단 : 지문 요약 인용이 일치함.

④ '유 한림'은 전에 '동청'을 꺼렸던 '사 씨'의 말을 받아들이지 않고 '사 씨'를 의심했었다.

지문요소 : "사 씨가 동청을 꺼렸는데 이제 와서 생각하니 그 말이 옳도다.

어진 아내를 의심했으니 무슨 면목으로 조상을 대하리오."

정답 판단 : 지문 요약 인용이 일치함.

⑤ '마을 사람들'은 '유 한림'의 사례를 보고 수질 탓에 생긴 병을 없앨 방도를 찾을 수 있었다.

지문요소 : "상공의 병이 위독하니 이 물을 먹으면 좋아지리라."

한림이 물었다.

"그대는 누구인데 유배당한 사람의 병을 구하시오?"

노파가 말했다.

"나는 동정 군산에 사는 사람이로다."

그러고는 병을 뜰 가운데 놓고 사라졌다. 한림이 놀라 일어나니 ⓑ 꿈이었다.

이상하게 생각했는데 다음 날 아침 하인이 뜰을 청소하다가 들어와 고했다.

"뜰에서 물이 솟아나옵니다."

한림이 이상하게 여겨 창을 열고 보니 꿈에 노파가 병을 놓았던 자리였다. 물을 한 그릇 떠오라고 해서 마시니 맛이 달고 상쾌한 것이 마치 단 이슬을 먹은 것 같았다. 원래 행주는 수질이 좋지 않은 곳이다. 한림의 병도 그렇게 좋지 않은 물 때문에 생긴 것이었다. 그런데 이 물을 먹은 즉시 병세가 사라지고 예전의 얼굴과 기력을 회복하였다.

정답 판단 : 지문 요약 인용이 일치함.

[실전 문항 2]

* 다음 글을 읽고 물음에 답하시오.[2018학년도 9월]

33. (가)에 대한 이해로 적절하지 <u>않은</u> 것은? ④

① '도련님'은 이별의 상황이 자신의 입장에서는 불가피한 것임을 드러내고 있다.

② '춘향'은 '도련님'을 처음 만날 때부터 이별의 상황을 우려하였음을 말하고 있다.

③ '춘향'은 '도련님' 곁에 머물고 싶은 마음을 자연물에 의탁하여 드러내고 있다.

④ '춘향'은 고사를 활용하여 자신의 상황이 역사적 사건과 관련되어 있음을 말하고 있다.

⑤ '춘향'은 천상의 존재에게 억울함을 전하는 상황을 설정하여 자신의 감정을 드러내고 있다.

[적용] - 지문인용(간접) 있는 선택지

① '도련님'은 이별의 상황이 / 자신의 입장에서는 불가피한 것임을 드러내고 있다.
지문요소 : '도련님'은 이별의 상황이

② '춘향'은 '도련님'을 처음 만날 때부터 / 이별의 상황을 우려하였음을 말하고 있다.
지문요소 : '춘향'은 '도련님'을 처음 만날 때부터

③ '춘향'은 '도련님' 곁에 머물고 싶은 마음을 / 자연물에 의탁하여 드러내고 있다.
지문요소 : '춘향'은 '도련님' 곁에 머물고 싶은 마음을

④ '춘향'은 고사를 활용하여 / 자신의 상황이 역사적 사건과 관련되어 있음을 말하고 있다.
지문요소 : '춘향'은 고사를 활용하여
정답 판단 : 진시황의 분서사건을 활용했으나, 춘향의 이별 상황이 역사적 사건과는 관련
성이 없다.

⑤ '춘향'은 천상의 존재에게 억울함을 전하는 상황을 설정하여 / 자신의 감정을 드러내고 있다.
지문요소 : '춘향'은 천상의 존재에게 억울함을 전하는 상황을 설정하여

* tip 선택지에서 '도련님', '춘향'은 인물을 강조한다는 의미이지만 지문의 일부를 인용한 것으로는 보지 않는다.

[실전 문항 3]

* 다음 글을 읽고 물음에 답하시오.[2017학년도 6월]

39. 윗글에 대한 이해로 적절하지 **않은** 것은? ①

① 상훈의 부친은 족보를 만드는 데에 '한 천 원'이 들었다며 다행이라 여기고 있다.

② 상훈의 부친은 상훈이 '오륙천 원'을 학교에 '디밀'었던 것은 돈을 '유리하게' 쓴 것이 아니라고 본다.

③ 상훈은 자신의 부친이 '산소'에 '돈'을 쓰는 것에 동의하지 않았다.

④ 덕기는 '세간 값'으로 치러야 하는 돈을 낭비라고 생각한다.

⑤ 덕기는 집안의 재산이 낭비되지 않게 하기 위해 '정미소 장부'를 내놓지 않으려 한다.

[적용]

① ~~상훈의 부친은 족보를 만드는 데에 '한 천 원'이 들었다며~~ / 다행이라 여기고 있다.

지문요소 : 이 영감도 실상은 한 천 원 썼다고 하는 것이다. 중간의 협잡배는 이런 약점을 노리고 우려 쓰는 것이지만 이 영감으로서 성한 돈 가지고 이런 병신 구실 해 보기는 처음이다.

정답 판단 : 상훈의 부친인 영감이 '성한 돈을 가지고 이런 병신 구실을 했다'는 것으로 보아, 다행이라 여기는 선택지 진술이 지문요소와 어긋나기 때문에 발문에서 요구하는 정답이다.

② ~~상훈의 부친은 상훈이 '오륙천 원'을 학교에 '디밀'었던 것은~~ / 돈을 '유리하게' 쓴 것이 아니라고 본다.

지문요소 : "어떻게 유리하게 쓰란 말이냐? 너같이 오륙천 원씩 학교에 디밀고 제 손으로 가르친 남의 딸자식 유인하는 것이 유리하게 쓰는 방법이냐?"

정답 판단 : 상훈의 학교에 쓴 '오륙천 원'에 대해 '유리하게 쓰는 방법이냐?'고 반문한 데서 영감이 돈을 '유리하게' 쓴 것이 아니라고 본다는 진술은 적절하다.

③ ~~상훈은 자신의 부친이 '산소'에 '돈'을 쓰는 것에~~ / 동의하지 않았다.

지문요소 : 영감은 자식에게라도 좀 점해서 그런지 화만 버럭버럭 내고 호령이다.

　　　　"할아버지께서 산소에 돈 쓰신다고 반대하시던 걸 생각하시기로……"

정답 판단 : 손자인 덕기의 생각이 드러난 "할아버지께서 산소에 돈 쓰신다고 반대하시던
걸 생각하시기로……"에서 동의하지 않았다는 선택지의 진술은 적절하다.

④ 덕기는 '세간 값'으로 치러야 하는 돈을 / 낭비라고 생각한다.

지문요소 : "이 판에 용이 이렇게 과하시면 어떡합니까. 여간한 세간 나부랭이야 저 집에
안 쓰고 굴리는 것만 갖다 놓으셔도 넉넉할 게 아닙니까?"
안방 차장 하나에 천여 원 돈을 묶어서 들인다는 것은 생돈 잡아먹는 것 같
고, 누가 치르든지 간에 어려운 일이다.

정답 판단 : "생돈 잡아먹는 것 같고, 누가 치르든지 간에 어려운 일이다."라는 덕기의 생
각에서 선택지의 진술의 적절성을 확인할 수 있다.

⑤ 덕기는 집안의 재산이 낭비되지 않게 하기 위해 / '정미소 장부'를 내놓지 않으려 한다.

지문요소 : "정미소 아니라 모두 내놓으라셔도 못 드릴 것은 아닙니다마는, 늘 이렇게만
하시면야 어디 드릴 수 있겠습니까?"
"드릴 수 있고 없고 간에, 내 거는 내가 찾는 게 아니냐?"
"왜 그렇게 말씀을 하셔요. 제게 두시면 어디 갑니까?"

정답 판단 : "왜 그렇게 말씀을 하셔요. 제게 두시면 어디 갑니까?"라는 덕기의 생각에서
선택지의 진술의 적절성을 확인할 수 있다.

[실전 문항 4]

* 다음 글을 읽고 물음에 답하시오.[2019학년도 6월]

33. (나)에 대한 감상으로 적절하지 <u>않은</u> 것은? ⑤

① '임자 업시 구닐'던 '이 몸'이 '학'이 되어 솟아오르게 함으로써 상승의 이미지를 구현하고 있다.

② '만장송'과 '매화'라는 소재를 활용하여 임을 향한 화자의 마음을 표상하고 있다.

③ '바람비 뿌린 소리'와 '두어 소리'의 청각적 이미지를 활용하여 임에게 알리고 싶은 화자의 심정을 나타내고 있다.

④ '매화'의 '뿌리'와 '가지'를 활용하여 '혼'의 정서를 형상화하고 있다.

⑤ 'フ을 둘 붉근 밤'과 '월중'이라는 시간적 배경을 통해 임과 재회한 순간을 드러내고 있다.

[적용]

① '임자 업시 구닐'던 '이 몸'이 '학'이 되어 솟아오르게 함으로써 / 상승의 이미지를 구현하고 있다.

지문요소 : 서정갈래의 경우는 지문요소(지문인용)가 바로 정답을 결정하지는 않는다. 그래서 지문요소에 대한 정리는 불필요하다.

정답 판단 : 지문을 통한 출제자의 작품 이해[출제자 분석]에 따르면 '솟아오르다'는 상승적 이미지를 구현하고 있다.

② '만장송'과 '매화'라는 소재를 활용하여 / 임을 향한 화자의 마음을 표상하고 있다.

지문요소 : 서정갈래의 경우는 지문요소(지문인용)가 바로 정답을 결정하지는 않는다. 그래서 지문요소에 대한 정리는 불필요하다.

정답 판단 : 지문을 통한 출제자의 작품 이해[출제자 분석]에 따르면, '만장송'과 '매화'라는 소재는 임을 향한 화자의 마음을 표상하고 있다.

③ '바람비 뿌린 소리'와 '두어 소리'의 청각적 이미지를 활용하여 / 임에게 알리고 싶은 화자의 심정을 나타내고 있다.

지문요소 : 서정갈래의 경우는 지문요소(지문인용)가 바로 정답을 결정하지는 않는다. 그
래서 지문요소에 대한 정리는 불필요하다.

정답 판단 : 지문을 통한 출제자의 작품 이해[출제자 분석]에 따르면 바람비 뿌린 소리'와
'두어 소리'의 청각적 이미지를 활용하여 임에게 알리고 싶은 화자의 심정을
나타내고 있다고 볼 수 있다.

④ '매화'의 '뿌리'와 '가지'를 활용하여 / '한'의 정서를 형상화하고 있다.

지문요소 : 서정갈래의 경우는 지문요소(지문인용)가 바로 정답을 결정하지는 않는다. 그
러나 중간중간의 지문을 통합하거나 변형하는 과정에서 작품의 유기적 맥락을
전제로 이해해야만 할 때, 지문요소가 정답을 결정할 수 있다는 점을 명심해
야 한다.

지문요소 : 흔(恨)이 뿌리 되고 눈물로 가지 삼아 / 님의 집 창밧긔 외나모 매화(梅花) 되어

정답 판단 : 지문요소에 대한 해석을 선택지에 그대로 옮겨 놓았다.

⑤ '국을 둘 붉근 밤'과 '월중'이라는 시간적 배경을 통해 / 임과 재회한 순간을 드러내
고 있다.

지문요소 : 서정갈래의 경우는 지문요소(지문인용)가 바로 정답을 결정하지는 않는다. 그
러나 중간중간의 지문을 통합하거나 변형하는 과정에서 작품의 유기적 맥락을
전제로 이해해야만 할 때, 지문요소가 정답을 결정할 수 있다는 점을 명심해
야 한다.

지문요소 : 설중(雪中)에 혼자 피어 침변(枕邊)에 시드는 듯 / 월중(月中) 소영(疎影)이
님의 옷에 빗취어든 / 어엿븐 이 얼굴을 너로다 반기실가

정답 판단 : '어엿븐 이 얼굴을 너로다 반기실가'라는 함축적 의미를 해석해 보면, 임과
재회하기를 열망한다는 의미이기 때문에 재회 순간이라고 보기 어렵다.

* tip 서정갈래의 경우는 지문요소(지문인용)가 바로 정답을 결정하지는 않는다. 출제자
가 지문인용을 의도적으로 변형하여 선택지를 구성하는 일은 매우 드물기 때문이
다. 그래서 지문요소를 통한 평가요소(지문요소에 대한 출제자의 분석 즉, 출제자
가 지문인용에 대한 이해 혹은 감상 부분을 진술한 부분)로 정답을 확정한다. 그
래서 지문요소에 대한 정리를 불필요하다. 그러나 중간중간의 지문을 통합하거나
변형하는 과정에서 작품의 유기적 맥락을 전제로 이해해야만 할 때, 지문요소가
정답을 결정할 수 있다는 점을 명심해야 한다.

[실전 문항 5]

* 다음 글을 읽고 물음에 답하시오.[2020학년도 9월]

45. ⓐ에 대해 이해한 내용으로 가장 적절한 것은? ①
① 피문오는 지욱이 생각하는 자서전의 가치를 폄하하여 지욱을 우롱하고 있다.
② 피문오가 자서전을 상품으로 팔기 위한 방법을 지욱에게 직접 보여 주고 있다.
③ 피문오가 '잘난 소리'를 하는 지욱에게 자신은 '무식한 놈'이 아님을 과시하고 있다.
④ 피문오가 자서전 쓰기를 더 많은 사람들에게 권해야 한다고 지욱에게 요청하고 있다.
⑤ 피문오는 지욱의 자서전 쓰기에 소재를 제공하고자 '맘에 없는 웃음을 팔아먹'어 왔던 자신의 직업적 능력을 발휘하고 있다.

[적용] - 지문인용(간접) 있는 선택지

피문오 씨가 허공에 청승맞도록 능청스런 목소리로 지욱에게 외쳐댄 말이 ⓐ이다.

① 피문오는 지욱이 생각하는 자서전의 가치를 폄하하여 / 지욱을 우롱하고 있다.
정답 판단 : 자서전의 가치에 대해 '자서전이야말로 영락없이 한 거인의 동상에 불과할 뿐'이라는 것이 지욱의 생각이다. 그러한 지욱의 생각을 비웃는 말을 ⓐ로 표현한 것이다. 따라서 정답이다.

② 피문오가 자서전을 상품으로 팔기 위한 방법을 / 지욱에게 직접 보여 주고 있다.
정답 판단 : 자서전 상품을 팔기 위한 방법과는 거리가 멀다.

③ 피문오가 '잘난 소리'를 하는 지욱에게 / 자신은 '무식한 놈'이 아님을 과시하고 있다.
정답 판단 : 피문오가 지욱에게 자신이 무식하지 않다고 과시하지 않는다.

④ 피문오가 자서전 쓰기를 더 많은 사람들에게 권해야 한다고 / 지욱에게 요청하고 있다.
정답 판단 : 자서전 쓰기 권장을 우롱하는 것과는 상반되는 진술이다.

⑤ 피문오는 지욱의 자서전 쓰기에 소재를 제공하고자 '맘에 없는 웃음을 팔아먹'어 왔던 / 자신의 직업적 능력을 발휘하고 있다.
정답 판단 : 피문오 자신의 직업적 능력을 발휘하는 것과는 거리가 멀다.

부록 : 문학 영역 - <보기> 없는 문항

[실전 문항 1]

* 다음 글을 읽고 물음에 답하시오.[2020학년도 9월]

(가)

호르 호르르 호르르르 가을 아침

취어진* 청명을 마시며 거닐면

㉠ 수풀이 호르르 벌레가 호르르르

청명은 내 머릿속 가슴속을 젖어 들어

발끝 손끝으로 새어 나가나니

온 살결 터럭 끝은 모두 눈이요 입이라

나는 수풀의 정을 알 수 있고

벌레의 예지를 알 수 있다

그리하여 나도 이 아침 청명의

가장 고웁지 못한 노래꾼이 된다

수풀과 벌레는 자고 깨인 어린애라

밤새워 빨고도 이슬은 남았다

남았거든 나를 주라

나는 이 청명에도 주리나니

방에 문을 달고 벽을 향해 숨 쉬지 않았느뇨

㉡ 햇발이 처음 쏟아오아

청명은 갑자기 으리으리한 관을 쓴다

그때에 토록 하고 동백 한 알은 빠지나니

오! 그 빛남 그 고요함

간밤에 하늘을 쫓긴 별살의 흐름이 저러했다

온 소리의 앞 소리요

온 빛깔의 비롯이라

㉢ 이 청명에 포근 취어진 내 마음

<u>감각의 낯익은 고향을 찾았노라</u>
평생 못 떠날 내 집을 들었노라
- 김영랑, 「청명」-
* 취어진 : 계절의 정취에 젖어 든.

(나)
뒷동산 청솔잎을 빗질해주던 바람이
무어라 무어라 하는 솔나무의 속삭임을 듣고
㉣ 푸른 햇살 요동치는 강변으로 달려갔다 하자.
달려가선, 거기 미루나무에게 전하니
알았다 알았다는 듯 나무는 잎새를 흔들어
강물 위에 짤랑짤랑 구슬알을 쏟아냈다 하자.
그 의중 알아챈 바람이 이젠 그 누구보단
앞들 보리밭에서 물결치듯 김을 매다
이마의 구슬땀 씻어올리는 여인에게 전하니,
여인이야 이윽고 아픈 허리를 곧게 펴곤
눈앞 가득 일어서는 마을의 정자나무를 향해
고개를 끄덕끄덕, 무언가 일별을 보냈다 하자.
㉤ <u>아무려면 어떤가,</u> 산과 강과 들과 마을이
한 초록으로 짙어가는 오월도 청청한 날에,
소쩍새는 또 바람결에 제 한 목청 다 싣는 날에.

- 고재종, 「초록 바람의 전언」-

35. (가)와 (나)에 대한 설명으로 가장 적절한 것은?

① (가)와 (나)는 가정의 진술을 활용하여 현실과 이상의 거리감을 드러내고 있다.

② (가)와 (나)는 각각 동일한 종결 어미의 반복을 활용하여 리듬감을 형성하고 있다.

③ (가)와 (나)는 화자의 시선이 화자 내면에서 외부 세계로 이동하는 방식으로 시상을 전개하고 있다.

④ (가)는 여정에 따른 공간의 이동을 통해, (나)는 계절의 흐름에 따른 대상의 변화를 통해 풍경을 묘사하고 있다.

⑤ (가)는 종교적 관념에 대한 사색을 바탕으로, (나)는 일상생활에서 깨달은 바를 바탕으로 주제를 구체화하고 있다.

36. ㉠~㉺에 대한 이해로 적절하지 <u>않은</u> 것은?

① ㉠은 청각적 심상을 활용하여 산뜻한 가을 아침에 대한 화자의 인상을 표현하고 있다.

② ㉡은 청명한 날이 으리으리한 관을 쓴다는 비유를 활용하여 햇빛이 쏟아지는 순간의 아름다운 모습을 표현하고 있다.

③ ㉢은 청명한 가을날에 느끼는 마음을 고향의 낯익음에 비유하여 지나가는 가을에 대한 아쉬움을 드러내고 있다.

④ ㉣은 역동적인 이미지를 활용하여 바람이 부는 강변의 풍경을 감각적으로 표현하고 있다.

⑤ ㉤은 청청한 날의 정경에 대한 화자의 반응을 제시하여 시적 상황에 대한 정서를 집약적으로 드러내고 있다.

* 다음 글을 읽고 물음에 답하시오.[2020학년도 9월]

지욱은 차츰 선생의 그런 신념이 두려워지기 시작했다. 지욱의 이해와 능력으로는 감당할 수 없는 어떤 무거운 압박감이 그를 못 견디게 짓눌러 왔다. 믿음이 논리를 초월할 수도 있다고는 했지만 그러나 논리적인 이해가 불가능한 신념은 맹목적인 아집에 그칠 위험성이 있었다. 뿐만 아니라 그 자신감이 넘치고 있는 선생의 신념은 털끝만큼한 자기 회의마저 용납을 하지 않고 있었다. 회의가 없는 신념은 맹목적인 자기 독단에 흐를 위험 또한 큰 것이었다. 그리고 무엇보다도 그것은 지욱이 그에게 소망해 온 어떤 감동적인 자서전적 인물상 으로는 치명적인 결함일 수 있었다. 회의가 없는 자서전이야말로 영락없이 한 거인의 동상에 불과할 뿐이었다. 지욱이 최상윤의 신념을 두려워한 것은 그 자신 최상윤 선생에게서와 같은 어떤 의식의 경화 현상을 싫어해 온 성격 이외에도, 그와 같은 위험성을 어슴푸레 느끼고 있었기 때문이다. 하나 그보다도 지욱이 더더욱 그 선생의 신념을 두려워한 것은 그의 너무나도 일사불란한 언동이나 생활 방식에서 오히려 어떤 씻을 수 없는 가식의 냄새를 맡고 있었기 때문이다. 사람이 도대체 이럴 수가 있을까. 한 인간의 생애에서 이처럼이나 말끔하게 후회나 의구가 없을 수 있단 말인가. 이 깐깐하고 결백스런 노인에게서라도 어찌 따뜻한 아랫목과 좋은 음식에 대한 바람이 전혀 없을 수 있단 말인가. 아무리 엄격한 극기의 세월이었던들 그것이 어찌 감히 사람의 가장 사람다운 욕망까지를 송두리째 근멸시켜 버릴 수가 있단 말인가. 이 노인은 어찌하여 그것을 끝끝내 시인하려 들지 않고 있는 것인가. 그것이 진실로 그의 부끄러움이 될 수는 없단 말인가 ―

(중략)

"이거 아무리 맘에 없는 웃음을 팔아먹고 사는 무식쟁이라고 누구한테 지금 설교를 하려는 거야 뭐야, 건방지게. 그래 내가 지금 당신 같은 위인의 신세 하소연이나 듣자고 이런 델 찾아온 줄 알아? 그렇게 내가 한가한 사람으로 보이느냐 말야. 왜 내 일을 안 하겠다는 건지 그걸 말해 보라는 거야. 이유를 ……"

"아니, 그런 게 아니라 ……"

갑자기 반말 투로 윽박질러 오는 피문오 씨의 어조에 지욱은 새삼 가슴이 내려앉는 표정이었으나, 이미 본색을 드러내기 시작한 피문오 씨의 행패는 걷잡을 수가 없을 지경이었다.

"그게 아니라니? 아니 이거 당신 정말 이런 식으로 날 바보취급하고 나설 테야? 당신 눈엔 정말로 내가 그렇게 얼렁뚱땅 되잖은 소리로도 그냥 넘어갈 것 같아 보인 모양이지? 그래, 뭐가 어째? 내 일을 하지 않게 된 게 내 탓이 아니구 당신의 그 알량한 양심 때문이라구? 내가 그래 그 알량한 당신의 양심에 들러리라도 서야 한다는 거야 뭐야. 업어치나 메치나 그게 그놈 아들놈 같은 소릴 가지고, 정 내게 ⊙ 말재간을 한번 부려 보고 싶어서 이래? 당신 눈엔 이 피문오가 그래 그만 ⓒ 말귀도 못 알아들을 바보 멍청이로만 보이느냔 말야? 내 아까부터 참자 참자 하다 보니 이 친구 아주 형편없이 맹랑한 데가 있는 작자로구만 그래."

피문오 씨는 이제 스스로도 분을 참을 수 없게 된 것 같았다. 벌건 얼굴에 튀어나올 듯 두 눈알을 부라려 대면서 장갑을 몰아 쥔 한쪽 손을 피스톤처럼 마구 지욱의 턱 앞으로 내질러 대고 있었다.

지욱은 그만 기가 꽉 질리고 말았다. ⓒ 무슨 말을 할래도 목이 말라 소리가 되어 나오질 않았다. 그는 부들부들 떨려 오는 두 다리를 간신히 버티고 선 채 절망적인 눈초리로 피문오 씨의 폭풍우 같은 수모를 고스란히 견디고 있었다.

불현듯 최상윤 선생의 일이 이 처참스런 곤욕을 견뎌 낼 수 있는 어떤 서광처럼 머릿속으로 떠올라 왔다. 최상윤 선생과의 약속이 그의 참을성에는 상당한 힘을 보태기 시작했다. 이런 자의 자서전 따윌 대필하려 했다니! 최상윤 선생과 같은 분에게조차 내 주관을 굽힐 수 없었던 이 지욱이 아닌가. 이런 자의 책을 쓰면서 그의 밑구멍을 핥느니 차라리 선생의 발밑에라도 나가 엎드려 선생의 신념을 찬미함이 낫지 않으냐. 참자! 작자의 일을 피하자면 이쯤 굴욕은 즐거이 참아 넘기자. 참아서 넘겨야 한다 —

하지만 피문오 씨는 그 정도로는 물론 분통이 풀릴 수가 없는 모양이었다.

"어디 선생! ⓔ 말씀을 좀 해 보시라구. 아니 글에서는 그처럼 잘난 체 말이 많더니, 제 잘난 소리나 시부렁거릴 줄 알았지 선생도 남의 말을 알아듣는 덴 귀가 꽉 멀어 버리셨나. 왜 통 대답이 없으셔? 그렇담 내가 좀 더 수고를 해 주실까? 어째서 내 일을 하지 않게 되었느냐, 내 일을 하기가 싫어졌느냐 ……

그 이율 좀 더 솔직하게 말해 달라 이거야. 이 무식한 놈도 좀 분명하게 알아듣고 납득이 가게끔 말씀이야. 알아들어?

그래도 못 알아들으시겠다면 ⓜ 내 좀 더 똑똑히 말을 해 줄까?"

묵묵히 입을 다물고 있는 지욱을 마음 내키는 대로 매도해대다 말고 피문오 씨는 무슨 생각을 해 냈는지 갑자기 목을 잔뜩 가다듬었다. 그리고는 청승맞도록 능청스런 목소리로 허공을 향해 외쳐 대기 시작했다.

ⓐ "고장 난 시계나 라디오들 고칩시다아 ― 채권 삽니다아 ― 부서진 우산이나 빈 병 삽니다아 ― 자서전이나 회고록들 쓰십시다아 ―"

고저단속(高低斷續)을 적당히 조화시켜 가며 길게 외쳐 대고 난 피문오 씨가 이젠 좀 알아듣겠느냐는 듯 여유만만한 표정으로 지욱을 이윽히 건너다보았다.

- 이청준, 「자서전들 쓰십시다」-

42. 윗글의 서술상 특징으로 가장 적절한 것은?

① 장면의 빈번한 교차를 통해 인물 간의 갈등을 입체적으로 드러내고 있다.

② 서술자가 중심인물의 내면을 묘사하며 인물이 처한 갈등 상황을 제시하고 있다.

③ 이야기 내부의 서술자가 인물의 행위를 묘사하며 사건의 원인을 추리하고 있다.

④ 인물 간의 대화를 통해 인물이 겪은 사건의 비현실적인 면모를 드러내고 있다.

⑤ 공간의 이동에 따라 서술자를 달리하여 사건에 대한 다양한 관점을 서술하고 있다.

43. 문맥상 의미를 고려할 때, ㉠~㉤에 대한 설명으로 적절하지 <u>않은</u> 것은?

① ㉠ : 피문오가 지욱의 말을 무시하고자 하는 경멸의 감정을 담고 있다.

② ㉡ : 지욱에게서 무시당하고 있다고 여기는 피문오의 성난 감정을 담고 있다.

③ ㉢ : 피문오에게서 수모를 당하는 지욱이 항변도 못하고 주눅이 든 상태를 나타낸다.

④ ㉣ : 피문오가 지욱의 해명을 요구하면서 닦달하고 있음을 나타낸다.

⑤ ㉤ : 침묵하는 지욱에게 피문오가 자신에 대한 의구심을 풀 것을 독촉하고 있음을 나타낸다.

[실전 문항 3]

* 다음 글을 읽고 물음에 답하시오.[2020학년도 11월]

한 평도 채 안 되는 구멍가게는 중풍으로 쓰러져 정상적 건강 상태가 아니었던 아버지의 유일한 수입원이자 생존 이유였다. 때문에 그 구멍가게에 대한 아버지의 몰두와 자존심은 각별했다. 한번은 내가 아버지가 가게를 잠깐 비운 사이에 겉에 허연 인공 설탕 가루를 묻힌 '미키대장군'이라는 캐러멜을 하나 아무 생각 없이 널름 집어먹은 적이 있었다. 하나에 이 원, 다섯 개에 십 원이었다. 잠시 뒤에 돌아온 아버지는 단박에 그 사실을 알아 채고는 불같이 화를 내며 내 목덜미에 당수를 한 대 세게 내려 꽂는 것이었다. 그 캐러멜 갑 안에 미키대장군이 몇 개 들어 있는지조차 훤히 꿰차고 있는 아버지였다.

— 이런 민한 종간나래! 얌생이처럼 기러케 쏠라닥질을 허자면 이 가게 안에 뭐이가 하나 제대로 남아나겠니, 응?

그러고 나서는 좀 머쓱했는지 입이 한 발쯤 튀어나와 뽀로통 해서 서 있는 내게 미키대장군 네 개를 집어 내미는 거였다. 어차피 짝이 맞아야 파니까니, 하면서 억지로 내 손아귀에 쥐어 주었다. 나는 그 무허가 불량 식품인 캐러멜 네 개가 끈끈하게 녹아 내릴 때까지 먹지 않고 쥔 채 서 있었다.

— 닐큼 털어 넣지 못하겠니, 으잉?

목덜미에 아버지의 가벼운 당수를 한 대 더 얹은 다음에야 한입에 털어 넣고 돌아서 나왔다. 아버지도 가게 일을 수월하게 보려면 잔심부름꾼인 나를 무시하고는 아쉬울 때가 많을 터였다. 워낙 짧은 밑천으로 가게를 꾸려 가자니 아버지는 물건 구색을 맞추느라 하루에도 많을 때는 세 번까지 시장통 도매상으로 정부미 포대를 거머쥐고 종종걸음을 쳐야 했고, 막내인 나는 번번이 아버지의 뒤로 팔을 늘어뜨린 채 졸졸 따를 수밖에 없었다.

그땐 그게 죽도록 싫었다. 하마 시장통에서 야구 글러브를 끼거나 조립용 신형 무기 장난감 상자를 든 반 친구를 만나거나, 심지어 과외나 주산 학원을 가는 여자 아이들을 만나는 날에는 정말 그 자리에서 혀를 빼물고 죽고 싶은 생각뿐이었다.

(중략)

어느 날이었다. 아버지와 나는 앞서거니 뒤서거니 하면서 그 정부미 자루를 날라 왔다. 그런데 집에 도착해 한숨을 돌린 뒤 자루를 풀고 물건을 정리해 보니 스무 병이 와야 할 소주가 두 병이 모자란 채 열여덟 병만 온 것이었다. 아버지의 얼굴은 맞보기가 민망할 정도로 금세 하얗게 질렸다. 왜냐하면 그 덜 온 두 병을 빼고 나면 나머지 것들을 몽땅 팔아 봤자 결국 본전치기일 뿐이었기 때문이다. 아버지는 내 등을 떼밀어 물건을 받아 온 수도상회의 혹부리 영감한테 내려보냈다. 아버지는 말주변도 말주변이었지만 중풍 후유증 때문에 약간의 언어 장애가 있어 일부러 나를 보냈던 것이다.

― 뭐 하러 왔네?

가게 안에 북적거리는 손님들에게 셈을 치러 주느라 몇 번이고 주판알을 고르는 데 바쁜 혹부리 영감의 눈길을 잡아 두는 데 성공한 나는 더듬더듬 자초지종을 말했다. 그러나 귓등에 연필을 꽂은 채 심술이 덕지덕지 모여 이뤄진 듯한 왼쪽 이마빡의 눈깔 사탕만 한 혹을 어루만지며 듣던 혹부리 영감은 풍기 때문에 왼쪽으로 힐끗 돌아간 두터운 입술을 떠들쳐 굵은 침방울을 내 얼굴에 마구 튀겼다. 애초 자기 눈앞에서 까 보이지 않은 것은 인정할 수 없다며 막무가내였다. 나중엔 아버지까지 함께 내려가서 하소연을 해 봤지만 돌아온 대답은 정 그렇게 우기면 거래를 끊겠다는 협박성 경고뿐이었다. 거래가 끊긴다면 아버지한테는 큰 타격이 아닐 수 없었다. 혹부리 영감은 아버지한테 무슨 큰 특혜를 내려 주듯이 거래를 터 준다고 허락을 놓았었다. 같은 함경도 동향이기 때문이라는 말을 덧붙이면서. 하긴 혹부리 영감한테는 매번 소주 열 병 안쪽에다 새우깡 열 봉지, 껌 대여섯 개, 빵 예닐곱 개 등 일반 소매 가격 구매자보다 더 많은 물건을 떼어 가지도 않으면서 부득부득 도맷값으로 해 달라고 통사정을 해 쌓는 아버지 같은 사람 하나쯤 거래를 끊어도 장부상 거의 표가 나지 않을 것이었다.

결국 아버지는 자신의 과오를 인정하지 않을 수 없었다. 당신의 자그마한 구멍가게로 돌아와 나머지 열여덟 병의 소주를 넋 나간 사람처럼 쓰다듬던 아버지는 기어코 아들인 내 앞에서 눈물을 보이고 말았다. 아! 아버지……

- 김소진, 「자전거 도둑」-

31. 윗글을 감상한 내용으로 적절하지 않은 것은?

① '한 평도 채 안 되는 구멍가게'를 각별한 애정으로 운영하던 아버지에 대한 기억은, '나'에게 아버지의 '생존 이유'를 짐작하게 했겠어.

② '캐러멜'을 먹었다고 화를 냈다가 남은 '캐러멜'을 '나'의 손에 쥐어 준 아버지에 대한 기억은, '나'에게 아버지가 속마음을 드러내는 데 서툰 사람이라고 생각하게 했겠어.

③ '팔을 늘어뜨린 채' 아버지를 따르던 '나'가 '시장통'에서 '반친구'를 만났던 경험은, '나'에게 궁핍으로 인한 내면의 상처로 남은 기억이겠어.

④ '중풍 후유증' 때문에 '언어 장애'가 있는 아버지 대신 혹부리 영감을 상대하게 된 경험은, '나'에게 어린 나이에 이해타산적인 어른들의 세계를 느끼게 한 기억이겠어.

⑤ '거래를 끊어도' 표가 나지 않을 사람이었던 아버지와 거래를 끊지 않은 혹부리 영감에 대한 기억은, '나'에게 형편이 어려운 사람들 간의 유대감을 느끼게 했겠어.

부록

[실전 문항 1] 정답 해설

* 다음 글을 읽고 물음에 답하시오.[2020학년도 9월]

35. (가)와 (나)에 대한 설명으로 가장 적절한 것은? ②

① (가)와 (나)는 가정의 진술을 활용하여 현실과 이상의 거리감을 드러내고 있다.

② (가)와 (나)는 각각 동일한 종결 어미의 반복을 활용하여 리듬감을 형성하고 있다.

③ (가)와 (나)는 화자의 시선이 화자 내면에서 외부 세계로 이동하는 방식으로 시상을 전개하고 있다.

④ (가)는 여정에 따른 공간의 이동을 통해, (나)는 계절의 흐름에 따른 대상의 변화를 통해 풍경을 묘사하고 있다.

⑤ (가)는 종교적 관념에 대한 사색을 바탕으로, (나)는 일상생활에서 깨달은 바를 바탕으로 주제를 구체화하고 있다.

[적용] - 지문인용 없는 선택지

① (가)와 (나)는 가정의 진술을 활용하여 / ~~현실과 이상의 거리감을 드러내고 있다.~~

1차 정답 판단 : (가)에는 가정의 진술이 없다. 여기서 이미 정답이 아니다. 굳이 (나)에 대해 정답 판단을 할 필요가 없다.

2차 정답 판단 : (나)에는 3행에서 '~강변으로 달려갔다 하자.'에 가정의 진술 표현이 있다.

② (가)와 (나)는 각각 동일한 종결 어미의 반복을 활용하여 / ~~리듬감을 형성하고 있다.~~

1차 정답 판단 : (가)의 '~입어라', '~어린애라', '~비롯이라'와 '~나가나니', '~주리나니', '~빠지나니'에서 동일한 종결 어미의 반복을 확인할 수 있고, (나)의 '~달려갔다 하자', '~솟아냈다 하자', '~보냈다 하자'에서도 동일한 종결 어미의 반복을 확인할 수 있다. 따라서 정답이다.

* tip 1 (가)의 1행에서 '호르르'와 2행의 '수풀이 호르르 벌레가 호르르'와 (나)의 2행에서 '무어라 무어라'와 같은 반복으로 리듬감을 형성하고 있다. 다만 동일한 종결 어미의 반복이 아니다.

* tip 2 발문에서 표현상 특징을 평가요소로 할 때, 뚜렷한 수사법이 없을 때는 대체로 '유사한' 혹은 '동일한' 어구의 반복으로 리듬감을 형성하고 있다는 식으로 선택지를 구성한다.

③ (가)와 (나)는 화자의 시선이 화자 내면에서 외부 세계로 이동하는 방식으로 / ~~사상을 전개하고 있다.~~

1차 정답 판단 : (가)의 3행의 '수풀이 호르르 벌레가 호르르르'에서 시적 화자의 시선이 수풀 혹은 벌레라는 자연물에 집중되었다고 하는 것은 '외부 세계'이다. 그리고 4행에서 '청명'은 '내 머릿속 가슴속을 젖어들고'라는 시적 화자의 내면으로 이어진다라고 할 때, 선택지에서 '내면 -> 외부 세계'로 이동한다는 진술과 반대이기 때문에 정답이 아니다.

④ (가)는 여정에 따른 공간의 이동을 통해, / (나)는 계절의 흐름에 따른 대상의 변화를 통해 / ~~풍경을 묘사하고 있다.~~

1차 정답 판단 : (가)에는 여정에 따른 공간 이동이 없다. 여기서 이미 정답이 아니다. 굳이 (나)에 대해 정답 판단을 할 필요가 없다.

⑤ (가)는 종교적 관념에 대한 사색을 바탕으로, / (나)는 일상생활에서 깨달은 바를 바탕으로 / ~~주제를 구체화하고 있다.~~

1차 정답 판단 : (가)의 '오! 그 빛남 그 고요함'에서 종교적인 관념을 느낄 수 있으나, 이는 수풀과 벌레를 통해 시인이 느낀 바를 표현한 것이다. 여기서 이미 정답이 아니다. 굳이 (나)에 대해 정답 판단을 할 필요가 없다.

2차 정답 판단 : '뒷동산 청솔잎을 빗질해주던 바람'의 속삭임에서 느낀 바를 표현한 것이다. 이를 굳이 일상생활에서 깨달은 바를 바탕으로 주제를 구체화했다고 하더라도 이미 1차 정답 확인에서 정답과 거리가 멀다고 했다.

* tip 수능에서는 시간이 매우 중요하다. 국어 문항을 해결할 때, 시간 부족을 호소하는 수험생이 많다. 1차 정답 판단으로 시간을 줄여야 한다.

36. ㉠~㉤에 대한 이해로 적절하지 <u>않은</u> 것은? ③

① ㉠은 청각적 심상을 활용하여 산뜻한 가을 아침에 대한 화자의 인상을 표현하고 있다.

② ㉡은 청명한 날이 으리으리한 관을 쓴다는 비유를 활용하여 햇빛이 쏟아지는 순간의 아름다운 모습을 표현하고 있다.

③ ㉢은 청명한 가을날에 느끼는 마음을 고향의 낯익음에 비유하여 지나가는 가을에 대한 아쉬움을 드러내고 있다.

④ ㉣은 역동적인 이미지를 활용하여 바람이 부는 강변의 풍경을 감각적으로 표현하고 있다.

⑤ ㉤은 청청한 날의 정경에 대한 화자의 반응을 제시하여 시적 상황에 대한 정서를 집약적으로 드러내고 있다.

[적용] - 지문인용 없는 선택지

① ㉠은 청각적 심상을 활용하여 / ~~산뜻한 가을 아침에 대한 화자의 인상을 표현하고 있다.~~

지문요소 : 기호와 동일함.

1차 정답 판단 : 선택지의 '벌레가 호르르르'의 청각적 표현이 있다. 하지만 정답 판단이 어렵다. 그래서 2차 정답 판단이 요구된다.

2차 정답 판단 : (가)의 1행에는 '가을 아침'이라는 시간적 표현이 있다.

② ㉡은 청명한 날이 으리으리한 관을 쓴다는 비유를 활용하여 / 햇빛이 쏟아지는 순간의 아름다운 모습을 표현하고 있다.

지문요소 : 기호와 동일함.

1차 정답 판단 : '처음 쏟아오아'라는 표현에서 햇빛이 '쏟아지는 순간'이라는 선택지와 연결할 수 있다.

③ ㉢은 청명한 가을날에 느끼는 마음을 고향의 낯익음에 비유하여 / ~~지나가는 가을에 대한 아쉬움을 드러내고 있다.~~

지문요소 : 기호와 동일함.

1차 정답 판단 : 지나가는 가을에 대한 아쉬움의 표현이 없다. '청명한 가을의 정취에 젖어 들었다'라는 표현에서 가을에 젖은 시적 화자의 감흥이 나타나기 때문이다.

④ ㄹ은 역동적인 이미지를 활용하여 / ~~바람이 부는 강변의 풍경을 감각적으로 표현하고~~
~~있다.~~

지문요소 : 기호와 동일함.

1차 정답 판단 : '푸른 햇살 요동치는 강변'에서 역동적인 이미지를 확인할 수 있다. 하지
만 정답 판단이 어렵다. 그래서 2차 정답 판단이 요구된다.

2차 정답 판단 : '푸른 햇살 요동치는 강변'에서 강변의 풍경을 감각적으로 표현한 것을
확인할 수 있다.

⑤ ㅁ은 청청한 날의 정경에 대한 화자의 반응을 제시하여 / ~~시적 상황에 대한 정서를 집~~
~~약적으로 드러내고 있다.~~

지문요소 : 기호와 동일함.

1차 정답 판단 : '아무려면 어떤가'를 통해 시적 화자의 반응이 집약적으로 표현되어 있
음을 확인할 수 있다.

[실전 문항 2] 정답 해설

* 다음 글을 읽고 물음에 답하시오.[2020학년도 9월]

42. 윗글의 서술상 특징으로 가장 적절한 것은? ②

① 장면의 빈번한 교차를 통해 인물 간의 갈등을 입체적으로 드러내고 있다.
② 서술자가 중심인물의 내면을 묘사하며 인물이 처한 갈등 상황을 제시하고 있다.
③ 이야기 내부의 서술자가 인물의 행위를 묘사하며 사건의 원인을 추리하고 있다.
④ 인물 간의 대화를 통해 인물이 겪은 사건의 비현실적인 면모를 드러내고 있다.
⑤ 공간의 이동에 따라 서술자를 달리하여 사건에 대한 다양한 관점을 서술하고 있다.

[적용] - 지문인용 없는 선택지

① 장면의 빈번한 교차를 통해 / 인물 간의 갈등을 입체적으로 드러내고 있다.
1차 정답 판단 : 장면의 빈번한 교체가 없다. 따라서 1차 정답 확인으로만 가능하다.

② 서술자가 중심인물의 내면을 묘사하며 / 인물이 처한 갈등 상황을 제시하고 있다.
1차 정답 판단 : 지문 앞부분에는 지욱의 내면 심리가 곳곳에 드러나 있다. (중략) 이후에는
　　　　　　　 문피오의 생각도 드러나 있고, 또한 인물의 갈등 상황이 제시되어 있다.

③ 이야기 내부의 서술자가 인물의 행위를 묘사하며 / 사건의 원인을 추리하고 있다.
1차 정답 판단 : 서술자는 3인칭(지욱)의 생각을 드러내고 있다. 그래서 인물의 행위보다
　　　　　　　 는 내면 심리가 곳곳에 드러나 있다. 선택지 ②번과 답지 간섭도 염두에
　　　　　　　 두면 쉽게 정답을 찾을 수 있다.

④ 인물 간의 대화를 통해 / 인물이 겪은 사건의 비현실적인 면모를 드러내고 있다.
1차 정답 판단 : 인물 간의 대화, 지욱과 피문오의 대화를 통해 비현실적이라고 하기에는
　　　　　　　 다소 애매한 답지이다. 대개 고전소설에서 언급하는 비현실성의 측면으
　　　　　　　 로 보자면 정답이라고 보기 어렵다.
⑤ 공간의 이동에 따라 서술자를 달리하여 / 사건에 대한 다양한 관점을 서술하고 있다.
1차 정답 판단 : 특정 공간과 공간 이동이 제시되어 있지 않다.

① 장면의 빈번한 교차를 통해 / 인물 간의 갈등을 입체적으로 드러내고 있다.

-> 장면의 빈번한 교차는 결국 인물 간의 갈등을 입체적으로 드러내는 것은 당연하다. 그래서 선택지의 앞부분만으로 정답 판단이 가능하다.

② 서술자가 중심인물의 내면을 묘사하며 / 인물이 처한 갈등 상황을 제시하고 있다.

-> 서술자가 중심인물의 내면을 묘사는 것은, 결국 인물이 처한 갈등 상황을 제시하는 것이 당연하다. 그래서 선택지의 앞부분만으로 정답 판단이 가능하다.

③ 이야기 내부의 서술자가 인물의 행위를 묘사하며 / 사건의 원인을 추리하고 있다.

-> 이야기 내부의 서술자가 인물의 행위를 묘사는 결국 인물의 내적 갈등 혹은 사건의 원인을 추리하고 있다는 점을 명두에 두고 선택지를 골라야 한다..

④ 인물 간의 대화를 통해 / 인물이 겪은 사건의 비현실적인 면모를 드러내고 있다.

-> 소설에서 인물의 대화는 당연하기 때문에 다음에 선택지를 통해 정답을 판단해야 한다. 즉 인물 간의 대화를 통해 인물이 겪은 사건의 비현실적인 면모를 확인해야 한다.

⑤ 공간의 이동에 따라 서술자를 달리하여 / 사건에 대한 다양한 관점을 서술하고 있다.

-> 공간의 이동에 따라 서술자를 달리하는 것은 결국 사건에 대한 다양한 관점을 서술하고자 하는 의도가 아닌가.

43. 문맥상 의미를 고려할 때, ㉠~㉤에 대한 설명으로 적절하지 않은 것은? ⑤

① ㉠ : 피문오가 지욱의 말을 무시하고자 하는 경멸의 감정을 담고 있다.

② ㉡ : 지욱에게서 무시당하고 있다고 여기는 피문오의 성난 감정을 담고 있다.

③ ㉢ : 피문오에게서 수모를 당하는 지욱이 항변도 못하고 주눅이 든 상태를 나타낸다.

④ ㉣ : 피문오가 지욱의 해명을 요구하면서 닦달하고 있음을 나타낸다.

⑤ ㉤ : 침묵하는 지욱에게 피문오가 자신에 대한 의구심을 풀 것을 독촉하고 있음을 나타낸다.

[적용] - 지문인용(간접) 있는 선택지

① ㉠ : 피문오가 지욱의 말을 무시하고자 하는 / 경멸의 감정을 담고 있다.

지문요소 : 기호와 동일함. + 정답 판단을 위해 문맥적 의미로 볼 때, 특정 기호(㉠)의 의미를 지문요소와 관련한 지문을 찾아야 한다. 즉 "그게 아니라니? 아니 이거 당신 정말 이런 식으로 날 바보취급하고 나설 테야? 당신 눈엔 정말로 내가 그렇게 얼렁뚱땅 되잖은 소리로도 그냥 넘어갈 것 같아 보인 모양이지? 그래, 뭐가 어째? 내 일을 하지 않게 된 게 내 탓이 아니구 당신의 그 알량한 양심 때문이라구? 내가 그래 그 알량한 당신의 양심에 들러리라도 서야 한다는 거야 뭐야."

정답 판단 : 지욱의 말에서 피문오가 느끼는 경멸의 감정을 확인할 수 있다.

② ㉡ : 지욱에게서 무시당하고 있다고 여기는 / 피문오의 성난 감정을 담고 있다.

지문요소 : 기호와 동일함. + 정답 판단을 위해 문맥적 의미로 볼 때, 특정 기호(㉡)의 의미를 지문요소와 관련한 지문을 찾아야 한다. 즉 "그게 아니라니? 아니 이거 당신 정말 이런 식으로 날 바보취급하고 나설 테야? 당신 눈엔 정말로 내가 그렇게 얼렁뚱땅 되잖은 소리로도 그냥 넘어갈 것 같아 보인 모양이지? 그래, 뭐가 어째? 내 일을 하지 않게 된 게 내 탓이 아니구 당신의 그 알량한 양심 때문이라구? 내가 그래 그 알량한 당신의 양심에 들러리라도 서야 한다는 거야 뭐야."

정답 판단 : 특히 "당신 정말 이런 식으로 날 바보 취급하고 나설 테야? 당신 눈엔 정말로 내가 그렇게 얼렁뚱땅 되잖은 소리로도 그냥 넘어갈 것 같아 보인 모양이지?"에서 성난 감정을 확인할 수 있다.

③ ㉢ : 피문오에게서 수모를 당하는 지욱이 / 항변도 못하고 주눅이 든 상태를 나타낸다.

지문요소 : 기호와 동일함. + 정답 판단을 위해 문맥적 의미로 볼 때, 특정 기호(㉢)의 의미를 지문요소와 관련한 지문을 찾아야 한다. 즉 "그는 부들부들 떨려 오는 두 다리를 간신히 버티고 선 채 절망적인 눈초리로 피문오 씨의 폭풍우 같은 수모를 고스란히 견디고 있었다."

정답 판단 : 피문오 씨의 폭풍우 같은 수모를 고스란히 견디고 있었다는 대화에서 지욱이 항변도 못하고 주눅이 든 상태를 확인할 수 있다.

④ ㉣ : 피문오가 지욱의 해명을 요구하면서 / 닦달하고 있음을 나타낸다.

지문요소 : 기호와 동일함. + 정답 판단을 위해 문맥적 의미로 볼 때, 특정 기호(㉣)의 의미를 지문요소와 관련한 지문을 찾아야 한다. 즉 "아니 글에서는 그처럼 잘난

체 말이 많더니, 제 잘난 소리나 시부렁거릴 줄 알았지 선생도 남의 말을 알아든는 덴 귀가 꽉 멀어 버리셨나. 왜 통 대답이 없으셔? 그렇담 내가 좀 더 수고를 해 주실까? 어째서 내 일을 하지 않게 되었느냐, 내 일을 하기가 싫어졌느냐 …… / 그 이율 좀 더 솔직하게 말해 달라 이거야. 이 무식한 놈도 좀 분명하게 알아듣고 납득이 가게끔 말씀이야. 알아들어?"

정답 판단 : 특히 "이 무식한 놈도 좀 분명하게 알아듣고 납득이 가게끔 말씀이야. 알아들어?"에서 닦달하는 태도가 나타나 있다.

⑤ ⓜ : 침묵하는 지욱에게 피문오가 자신에 대한 의구심을 풀 것을 / 독촉하고 있음을 나타낸다.

지문요소 : 기호와 동일함. + 정답 판단을 위해 문맥적 의미로 볼 때, 특정 기호(ⓜ)의 의미를 지문요소와 관련한 지문을 찾아야 한다. 즉 "묵묵히 입을 다물고 있는 지욱을 마음 내키는 대로 매도해대다 말고 피문오 씨는 무슨 생각을 해 냈는지 갑자기 목을 잔뜩 가다듬었다. 그리고는 청승맞도록 능청스런 목소리로 허공을 향해 외쳐 대기 시작했다."

정답 판단 : 그래도 못 알아듣는다면서 닦달하는 것이지 피문오 자신에게 의구심을 품은 것이지, 독촉하는 것은 아니다. 따라서 선택지와 답지와 다른 내용이기 때문에 정답이다.

[실전 문항 3] 정답 해설

* 다음 글을 읽고 물음에 답하시오.[2020학년도 11월]

31. 윗글을 감상한 내용으로 적절하지 않은 것은? ⑤

① '한 평도 채 안 되는 구멍가게'를 각별한 애정으로 운영하던 아버지에 대한 기억은, '나'에게 아버지의 '생존 이유'를 짐작하게 했겠어.

② '캐러멜'을 먹었다고 화를 냈다가 남은 '캐러멜'을 '나'의 손에 쥐어 준 아버지에 대한 기억은, '나'에게 아버지가 속마음을 드러내는 데 서툰 사람이라고 생각하게 했겠어.

③ '팔을 늘어뜨린 채' 아버지를 따르던 '나'가 '시장통'에서 '반친구'를 만났던 경험은, '나'에게 궁핍으로 인한 내면의 상처로 남은 기억이겠어.

④ '중풍 후유증' 때문에 '언어 장애'가 있는 아버지 대신 혹부리 영감을 상대하게 된 경험은, '나'에게 어린 나이에 이해타산적인 어른들의 세계를 느끼게 한 기억이겠어.

⑤ '거래를 끊어도' 표가 나지 않을 사람이었던 아버지와 거래를 끊지 않은 혹부리 영감에 대한 기억은, '나'에게 형편이 어려운 사람들 간의 유대감을 느끼게 했겠어.

[적용] - 지문인용(간접) 있는 선택지

① '한 평도 채 안 되는 구멍가게'를 각별한 애정으로 운영하던 아버지에 대한 기억은, / '나'에게 아버지의 '생존 이유'를 짐작하게 했겠어.

지문요소 : 한 평도 채 안 되는 구멍가게는 중풍으로 쓰러져 정상적 건강 상태가 아니었던 아버지의 유일한 수입원이자 생존 이유였다. 때문에 그 구멍가게에 대한 아버지의 몰두와 자존심은 각별했다.

1차 정답 판단 : 지문요소만으로 정답 판단이 가능하다.

② '캐러멜'을 먹었다고 화를 냈다가 남은 '캐러멜'을 '나'의 손에 쥐어 준 아버지에 대한 기억은, / '나'에게 아버지가 속마음을 드러내는 데 서툰 사람이라고 생각하게 했겠어.

지문요소 : 한번은 내가 아버지가 가게를 잠깐 비운 사이에 겉에 허연 인공 설탕 가루를 묻힌 '미키대장군'이라는 캐러멜을 하나 아무 생각 없이 널름 집어먹은 적이 있었다. 하나에 이 원, 다섯 개에 십 원이었다. 잠시 뒤에 돌아온 아버지는 단박에 그 사실을 알아 채고는 불같이 화를 내며 내 목덜미에 당수를 한 대 세게 내려 꽂는 것이었다. 그 캐러멜 갑 안에 미키대장군이 몇 개 들어 있는지

조차 훤히 꿰차고 있는 아버지였다.

— 이런 민한 종간나래! 얌생이처럼 기러케 쏠라닥질을 허자면 이 가게 안에 뭐이가 하나 제대로 남아나겠니, 응?

(...중략...) — 닐큼 털어 넣지 못하겠니, 으잉?

목덜미에 아버지의 가벼운 당수를 한 대 더 얹은 다음에야 한입에 털어 넣고 돌아서 나왔다.

1차 정답 판단 : 지문요소만으로 정답 판단이 가능하다. 아버지의 "가벼운 당수를 한 대 더 얹은" 행위 "다음에야 한입에 털어 넣"는데서 '아버지가 속마음을 드러내는 데 서툰 사람'이라는 지문에서 정답 판단을 할 수 있다.

③ '팔을 늘어뜨린 채' 아버지를 따르던 '나'가 '시장통'에서 '반친구'를 만났던 경험은, / '나'에게 궁핍으로 인한 내면의 상처로 남은 기억이겠어.

지문요소 : 워낙 짧은 밑천으로 가게를 꾸려 가자니 아버지는 물건 구색을 맞추느라 하루에도 많을 때는 세 번까지 시장통 도매상으로 정부미 포대를 거머쥐고 종종걸음을 쳐야 했고, 막내인 나는 번번이 아버지의 뒤로 팔을 늘어뜨린 채 졸졸 따를 수밖에 없었다.

그땐 그게 죽도록 싫었다. 하마 시장통에서 야구 글러브를 끼거나 조립용 신형 무기 장난감 상자를 든 반 친구를 만나거나, 심지어 과외나 주산 학원을 가는 여자 아이들을 만나는 날에는 정말 그 자리에서 혀를 빼물고 죽고 싶은 생각뿐이었다.

1차 정답 판단 : 지문요소만으로 정답 판단이 가능하다. "그땐 그게 죽도록 싫었다. / 정말 그 자리에서 혀를 빼물고 죽고 싶은 생각뿐이었다."에서 정답 판단이 가능하다.

④ '중풍 후유증' 때문에 '언어 장애'가 있는 아버지 대신 혹부리 영감을 상대하게 된 경험은, / '나'에게 어린 나이에 이해타산적인 어른들의 세계를 느끼게 한 기억이겠어.

지문요소 : 그 덜 온 두 병을 빼고 나면 나머지 것들을 몽땅 팔아 봤자 결국 본전치기일 뿐이었기 때문이다. 아버지는 내 등을 떠밀어 물건을 받아 온 수도상회의 혹부리 영감한테 내려보냈다. 아버지는 말주변도 말주변이었지만 중풍 후유증 때문에 약간의 언어 장애가 있어 일부러 나를 보냈던 것이다.

— 뭐 하러 왔네?

가게 안에 북적거리는 손님들에게 셈을 치러 주느라 몇 번이고 주판알을 고르는 데 바쁜 혹부리 영감의 눈길을 잡아 두는 데 성공한 나는 더듬더듬 자초지종을 말했다. 그러나 귓등에 연필을 꽂은 채 심술이 덕지덕지 모여 이뤄진 듯한 왼쪽 이마빡의 눈깔 사탕만 한 혹을 어루만지며 듣던 혹부리 영감은 풍기 때문에 왼쪽으로 힐끗 돌아간 두터운 입술을 떠들쳐 굵은 침방울을 내 얼굴에 마구 튀겼다. 애초 자기 눈앞에서 까 보이지 않은 것은 인정할 수 없다며 막무가내였다.

1차 정답 판단 : 지문요소만으로 정답 판단이 가능하다. "그 덜 온 두 병을 빼고 나면 나
　　　　　　　머지 것들을 몽땅 팔아 봤자 결국 본전치기일 뿐 / 애초 자기 눈앞에서
　　　　　　　까 보이지 않은 것은 인정할 수 없다며 막무가내였다."에서 이해타산적
　　　　　　　인 세계를 확인할 수 있다.

⑤ '거래를 끊어도' 표가 나지 않을 사람이었던 아버지와 거래를 끊지 않은 혹부리 영감
　에 대한 기억은, / '나'에게 형편이 어려운 사람들 간의 유대감을 느끼게 했겠어.

지문요소 : 혹부리 영감은 아버지한테 무슨 큰 특혜를 내려 주듯이 거래를 터 준다고 허
　　　　　락을 놓았었다. 같은 함경도 동향이기 때문이라는 말을 덧붙이면서. 하긴 혹
　　　　　부리 영감한테는 매번 소주 열 병 안짝에다 새우깡 열 봉지, 껌 대여섯 개, 빵
　　　　　예닐곱 개 등 일반 소매 가격 구매자보다 더 많은 물건을 떼어 가지도 않으면
　　　　　서 부득부득 도맷값으로 해 달라고 통사정을 해 쌓는 아버지 같은 사람 하나
　　　　　쯤 거래를 끊어도 장부상 거의 표가 나지 않을 것이었다.

1차 정답 판단 : 지문요소만으로 정답 판단이 가능하다. 혹부리 영감과 아버지와의 금전
　　　　　　　적인 이득에 따른 갈등이 있을 뿐이다. 따라서 형편이 어려운 사람들 간
　　　　　　　의 유대감을 확인할 수 없기 때문에 정답이다.

박종석 (집필)

울산제일고등학교
동아대학교 국어국문학과 박사과정 졸업(문학박사)
전국연합 고입선발고사 국어 영역 출제팀장(전국시도연합 주관)
전국연합학력평가 국어영역 출제팀장(전국시도연합 주관)
EBS 수능완성(고3) 실전편 집필 / EBS 천제의 약속(한국교육방송공사)
2015개정 고등 '국어'(미래엔) 교과서 집필 위원

『조연현평전』(2006): 동아일보, 서울신문, 부산일보, 연합뉴스(서울)
『대학을 사로잡는 자기소개서, 추천서』(2012): 한국일보 인터뷰
『송욱문학연구』(2000)
『송욱평전』(2000)
『한국 현대시의 탐색』(2001)
『작가 연구 방법론』(2003년도 문화관광부 추천-우수학술도서)
『비평과 삶의 감각』(2004)
『현대시 분석 방법론』(2005년도 제 2회 울산작가상)
『정상으로 통하는 논술』(2007)
『통합교과 논술 100시간』(2008, 공저)
『현대시와 표절 양상』(2008)
『송욱의 실험시와 주체적 시학』(2008)
『에고티스트 송욱의 삶과 문학』(2009)
『박종석의 글쓰기 기술』(수정증보판, 2015)
『대학을 사로잡는 자기소개서, 추천서』(2012, 공저)
『명문대가 뽑아주는 대입 자기소개서, 추천서』(2013, 공저)
『명문대가 뽑아주는 대입 면접의 모든 것』(2014, 공저)
「명문대가 뽑아 주는 대입전략의 모든 것」(2015, 공저)
「명문대가 뽑아 주는 동아리 활동의 모든 것」(2016, 공저)
「자소설 말고 자소서」(교육법인 동아일보사, 2017, 공저)
「과정중심평가로 대학간다 1」(2018, 공저) : 아주경제 신문 소개
「speed 수능 국어의 답- 독서 영역 편 1부-」(2019)

박서경 (집필)

고려대학교 국어교육학과

안세봉 (검토)

강남고등학교
부산대학교 국어교육학과 석사과정 졸업
전국연합학력평가 국어영역 출제(전국시도연합 주관)
EBS 수능완성(고3) 실전편 집필 / EBS 수능N제 집필(한국교육방송공사)
2015개정 '국어' 교과서 집필(창비)
『대학을 사로잡는 자기소개서, 추천서』(2012, 공저)
『명문대가 뽑아 주는 대입 자기소개서, 추천서』(2013, 공저)
『명문대가 뽑아 주는 대입전략의 모든 것』(2015, 공저)

임소라 (검토)

강남고등학교
경북대학교 국어교육학과 졸업
전국연합학력평가 국어영역 출제(전국시도연합 주관)

문학영역편 1부

초판인쇄 2020년 1월 30일
초판발행 2020년 1월 30일

지은이 박종석·박서경
펴낸이 채종준
펴낸곳 한국학술정보㈜
주소 경기도 파주시 회동길 230(문발동)
전화 031) 908-3181(대표)
팩스 031) 908-3189
홈페이지 http://ebook.kstudy.com
전자우편 출판사업부 publish@kstudy.com
등록 제일산-115호(2000. 6. 19)

ISBN 978-89-268-9835-2 03710